宁
波
文
化
丛
书

宁波文化丛书 第一辑

主编 何伟

羽人竞渡

宁波发展史话

涂师平 著

宁波出版社

《宁波文化丛书》编纂委员会

主　任　余红艺

副主任　张松才　何　伟　陈佳强　邹大鸣　詹鑫华　姚晓东

成　员（按姓氏笔画排列）
马玉娟　王耀成　方同义　陈三俊　徐剑飞
涂师平　黄渭金　黄定福　谢安良

主　编　何　伟

本书图片提供　叶　炜　徐文浩　徐培良　涂师平
黄友平　宁波帮博物馆

总序

唤醒宁波的文化之魂

◎ 何 伟

（一）

中国的古城实在不少，若论我国沿海最早的文化古城，只要稍稍具备历史地理的眼光，都会聚焦宁波——中国大陆海岸线的中点。

这座从远古走来的名城，河姆古渡的骨哨一吹就是七千年，展开了一幅幅风云际会的历史长卷。翻开谭其骧先生主编的《简明中国历史地图集》，不难发现宁波在我国沿海各大城市中的"早熟"：当宁波沐浴河姆渡的文明曙光时，我国海岸线上的先民基本还处于文明的空白处；当宁波先秦时期设县建制，广州还是邻近番禺的宁静村庄；当宁波唐代建州（相当于今天的地级市），已是"海外杂国，贾舶交至"的繁华城市，此时的上海还只是一个海滨渔村；宋代的宁波已是我国闻名国际的四大港口城市之一，天津还是名不见经传的一片滩涂；及至近代宁波作为"五口通商"被迫开埠，青岛、大连等城镇化才刚刚起步，更不必说改革开放后才崛起的深圳了。

如此"炫耀"的类比，无意仰己抑人。只想说明，以商城闻名的宁波，其实是隐身的文化重镇。其文化价值和地位，显然是被低估了。仅以中华文明源头之一的河姆渡为例：其制陶、稻谷和干栏式建筑的发现，修正了我国学术界总把黄河流域作为中华民族的唯一摇篮的定论，确认了长江流域是中华民族另一个发源地。其出土的代表海上活动的六支桨，印证了宁波先民是我国"海上丝绸之路"的先驱，为我国台湾和太平洋岛屿的文化作出历史性的贡献。澳大利亚悉尼市迪米蒙地电影制片公司在20世纪80年代拍摄了一部记录太平洋沿岸历史的影片，其序幕就是从河姆渡开篇的。

宁波文化矿藏的丰富性和不凡品质，还在于这里是海上丝绸之路的起源地之一，中国大运河的出海口之一，沿海城市中建城的起源地之一，金融史上我国钱庄的发源地之一，海运史上造船和航海的发源地之一……总之，宁波文化是整个中国文化经络中一个很关键的穴位。宁波的历史区域文化，犹如一座丰盈的藏书楼，在文化复兴的聚光灯下，亟须整理与传播。

宁波历史文化何其久也，宁波地域文化何其丰也，先贤前辈们已经为宁波开辟出了一块文化沃土。每念及此，作为祖籍宁波、生活于宁波的我，不禁对家乡深厚的文化遗产肃然起敬。可是，在今天追赶现代化国际港口城市的目标时，有多少宁波人还记得曾经的灿烂？又有多少人了解宁波往昔的辉煌？

（二）

区域文化研究的兴盛和传承，是近年来国内学界的独特景观，既得益于文化的复兴，又受到区域发展竞争的推动。齐鲁文化，燕赵文化，三晋文化，巴蜀文化，吴越文化，荆楚文化，岭南文化，等等，不一而足。这股热潮也波及作为吴越文化分支之一的宁波文化。

某种文明的价值观、思维方式和风俗习惯等，根本上是由地缘自然条件所决定的。文明所处的地缘环境与精神性格之间有着必然的因果关系。法国历史学家布罗代尔认为,影响一个文明的精神气质最根本的因素,是地理条件和自然环境,换成老百姓的说法,就是"一方水土养一方人"。

宁波地处东海之滨,三面环山,潮汐出没的宁绍平原居中,多类型地貌孕育出姚江、奉化江、甬江流贯其中,江河湖海点缀其间,构成了宁波"经原纬隰,枕山臂江"的地理特征。"南通闽广,东接倭人,北距高丽,商舶往来,物货丰溢。"(宝庆《四明志》)"自宋以来,礼俗日盛,家诗户书,科第相继,间占首选,衣冠人物甲于东南。"(成化《宁波府志》)

文化早熟的宁波好比一个内敛聪慧的智者,有外貌形象,有性格气质,也有个性脾气。发源于四明,耸立于三江,兼得中西交汇之利,倚其7000年的文明发展,塑造了一整套属于自己的优秀文化符号、习俗和精神,说得洪亮一点,叫作"宁波文明"。

每一个城市都有自己的来龙去脉,每一座城市都有独特的文化符号。宁波的文化特质,如果要用极精简的字词来表达,就是"江海"和"商贾"。水路交通和商帮文化是阅读宁波风云际会悠长岁月的两个关键词。伸展开来,从类型看,有海洋文化、农耕文化、港口文化、海防文化;从特质看,有商帮文化、耕读文化、工匠文化、饮食文化;从思想看,有浙东文化、佛教文化;从文人看,名儒硕彦,人文荟萃,有南宋的心学先贤"甬上四先生",有先生之风山高水长的严子陵、知行合一的心学大师王阳明、开启日本明治维新的导师朱舜水、工商皆本的民本思想家黄宗羲……正可谓千年古城,百年风云,几度沉浮,气血不衰,乃文化之力也。

(三)

一座城市的持久吸引力,不在林立高楼,而在文化气质。让城市站立不衰的,是文化"软实力"。表面上看,决定城市差异的是经济,骨子里是文化。今观神州,仰赖房地产狂奔的造城运动,流水线般建造的排排高楼大厦取代古城旧貌,割断了多少城市的历史脉络,推平了多少地域审美特征,埋葬了多少丰厚的历史记忆,已经无法计算。宁波籍文化大家冯骥才先生认为,我们中国历史悠久,民族众多,地域多样,每个城市都有独特和鲜明的城市形象。可惜,现在我们660个风情各异的城市形象基本都消失了,即使有,也支离破碎,残缺不全,很难再呈现出一个整体的城市形象。眼下,追名逐利遗失了文化,随波逐流遗忘了故乡,身在故乡而不知故乡何在。

物欲越是膨胀,文化越是珍贵。宁波人之所以成为宁波人,并不是因为出生在宁波,而是身上承载着宁波的文化符号和基因。这些由宁波的风俗、语言和信仰因素组成的"宁波腔调",以及地缘、血缘关系组成的坐标系,会让人们知道自己是谁、从哪里来。不论你身处世界何地,只要据此便可找到家乡,认祖归宗。如果遗失了宁波文化,即使站在这片土地上,也很难再是宁波人。令人忧心的是,在现代化城市化的急切步伐下,本土历史文化面临诸多存亡考验。公路毁了,可以修复;房屋塌了,可以重建;文化遗产一旦"消失",如同绝迹的物种,没了,就永远没了。现代人精神家园的迷失和情感归属的危机,成为一种流行国际的精神疾病,正是文化除根后流离失所的后遗症。

今天的宁波缺什么?不少人感叹缺文化,我看来,表述不很准确。宁波并不缺少文化,缺的恐怕是对丰厚文化的记忆和传承。"文之无书,行之不远",作为文化工作者,作为宁波人,我们深恐随着时间的推移,宝贵的精神财富因文字的阙如而流失,随着记忆的衰退而归零。把文化摆在什么位置,不仅仅取决于政府,更取决于每一个厕身其间的市民的态度。文化是城市之魂,是我们这座城市安身立命的基座。唤醒城市记忆的味道和画面,保护并标出宁波的文化风景线,绘制文化地图延续文脉,亟须一套权威、全面、通俗的文化读物。本丛书的出版和传播,即是努力之一。

(四)

本丛书的编纂,虽非规模浩大的文化工程,却颇费周折,几起几落,幸得宁波文化事业基金委员会慧眼识珠,忝列扶持项目,又得宁波市委副书记余红艺及市委宣传部等部门的鼎力支持,宁波出版社调集精干,组织本地学界文化精英,殚精竭虑,撰写这套丛书。

自2012年始,编纂委员会成立并确定了丛书的编纂大纲,专家们从宁波地理文化和历史文化的坐标中,尽可能筛选出具有鲜明特色和传承价值的内容作为首批选题。第一辑八种,选题侧重反映对宁波发展最具影响力、最具代表性的八个方面地方特色文化。计划此后逐年推出各类文化系列,集腋成裘,奉献出宁波文化的"满汉全席"。

丛书着力点不在学术钻研和考证,而在文化的普及和传播,定位在文化"小吃",充其量是宁波文化史的通俗版、系列专题篇,绝非贯通一气的皇皇巨著。丛书力求编排图文并茂,文字通俗易懂,集知识性与文学性、学术性与普及性于一体,雅俗共赏,老少皆宜,为大众提供一张文化寻根的导游图,以及一杯安顿旅者心境的下午茶。于闹市中拾取一份宁静,于纷繁中理出一片安详,于浮尘中闻到一缕书香,于物欲中寻得精神的家园。

2014年夏写于水岸居
(本文作者为宁波日报报业集团党委书记、董事长)

目录

总序 唤醒宁波的文化之魂 ... 001

宁波史说 ... 001

名城趣话 ... 061

[一] 从「羽人竞渡」说名城内涵 ... 063

[二] 从地名话名城故事 ... 071

[三] 水城宁波 ... 087

[四] 中国大运河的出海口 ... 095

[五] 鼓楼千秋望海曙 ... 107

[六] 老城街市沧桑变 ... 117

[七] 人文昌盛传佳话 ... 133

[八] 宁波帮经营天下 ... 151

[九] 物华天宝遗珍多 ... 165

[十] 「圣地宁波」与「东南佛国」 ... 181

[十一] 宁波文化的「非遗」记忆 ... 205

参考文献 ... 229

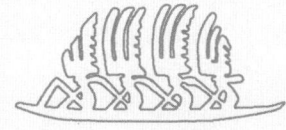

宁波史说

  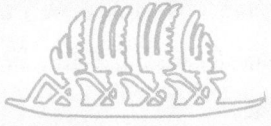

水是生命之源、生产之要。宁波先民逐水而居，逐步由小水迈向大水，宁波城市也经历了一个由河姆渡渡口边的原始社会部落、到小溪镇溪口边的古县城、到三江口边的古州城，再到如今国际港口边六区鼎立的现代都市的沧桑巨变。渡口—溪口—江口—港口，宁波这座兼具江南水乡婉约风韵与海上丝绸之路开放气度的城市，其历史变迁画卷，时而涓涓细流，时而荡气回肠，时而波澜壮阔！

在这幅7000年长的历史画卷上，有举世瞩目的河姆渡文化和良渚文化，有治水英雄大禹后裔兴起"于越"民族的悠久传说，有越王勾践卧薪尝胆成就霸业的春秋风云。

传说秦始皇东巡观沧海并在宁波古鄞县逗留；汉武帝派遣横海将军率领部队从宁波句章古港出海平叛；被誉为"南朝第一帝"的宋武帝刘裕，曾经在宁波地区靠镇压浙东农民起义而起家。

还有南宋开国皇帝宋高宗赵构躲避金兵追击逃到明州而发生的抗金战斗，明太祖朱元璋祈愿"海定则波宁"改明州府为宁波府的因缘，民国临时大总统孙中山在宁波发表的演说，民国总统蒋介石的故居溪口往事，毛泽东、周恩来、邓小平等老一辈无产阶级革命家对宁波文化保护和经济建设的关怀……

宁波，中华文明起源地之一，多少帝王将相在这里龙腾虎跃，多少海内外人士在这里风云际会，多少文化瑰宝从这里走向世界。

宁波，是一部思想深邃的越民族史书，是一艘承接大运河和海上丝绸之路两条文化线路的东方神舟，是一座历史厚重的国家历史文化名城！

宁波，她从哪里来？要到哪里去？让我们一起寻根宁波最早的乡井，追踪先民奋进的脚步和宁波城市变迁的轨迹，共话宁波未来发展之"梦"……

一、河姆渡：宁波最早的乡井

水井是在人类聚居生活稳定以后才发明的，古人常常把古代城邑中集中交易货物的场所叫"市井"，也把水井比作家乡，称为"乡井"，远离故乡叫"背井离乡"。可见，井自古是人们同根同族之源。

井也是乡村、城市的记忆之源。那么，宁波最早的乡井在哪里呢？

据目前考古发现，宁波最早的乡井在距今7000年前的河姆渡。

宁波先民依山傍水在河姆渡创造了举世闻名的河姆渡文化。河姆渡文化遗址位于现今的宁波市余姚市河姆渡镇，南端为连绵逶迤的四明山麓，西南是浩荡东流的姚江，姚江被称为宁波的母亲河。

河姆渡文化是中国长江流域下游地区古老而多姿的新石器时代文化，因1973年第一次发现于宁波余姚河姆渡而得名。考古学中的文化是指同一个历史时期的、不以分布地点为转移的遗迹、遗物的综合体，同样的工具、用具以及相同的制造技术等是同一种文化的特征。考古学文化名称一般以首次发现的典型遗址所在的小地名作为某某文化的命名。一个地方的考古发现如果能被命名为一种考古学文化现象，说明了这个地方在人类文明进程中具有独特的地位和重要的意义。河姆渡文化主要分布在杭州湾南岸的宁绍平原及舟山群岛，经科学测定，它的年代为距今7000年至5300年。河姆渡文化遗址是新石器时代母系氏族公社时期的氏族聚落遗址，她与后来这一地区的良渚文化共同构成了越族先民史前文化的主要源头。河姆渡遗址考古表明，黄河、长江流域的原始先民共同缔造了中华民族光辉灿烂

图① 河姆渡遗址水井井架和草顶复原图

的远古文化。河姆渡遗址是20世纪中国百大考古新发现之一，1982年被国务院公布为全国重点文物保护单位。

河姆渡遗址在20世纪70年代曾先后两次进行过较大规模的发掘，发掘面积2700平方米，出土文物7842件，陶片20万片。河姆渡遗址文化以丰富的栽培稻、成熟的干栏式木构建筑、独特的夹炭陶器和精美的象牙雕刻艺术品为主要内涵。

河姆渡遗址发现了我国史前时期的水井，比传说中发明凿井的伯益（距今4000年前的夏禹时人）还要早1000多年。而这口井，也说明宁波先民聚居的最早故乡在河姆渡。

水井遗迹在河姆渡文化遗址第二文化层，距今5600年。井口呈方形，边长2米，东西方向两根圆木，都两头有榫，刚裸露时，榫头正各自楔在南北两根半圆木的透卯眼内，形成一个四方形的"井"字框架，承受和支撑着四边井壁的压力，以防止泥土向里塌陷。水井深约1.35米，外围有一直径约6米的栅栏和28根木柱，大概作护岸之用。专家据此推断，井上可能盖有简单的井亭。当时，虽然人们居址周围河沼遍布，但水体与海水相通，致使盐分升高、苦卤而不堪饮用，所以水井的出现是河姆渡人为提高生活质量的发明。中国最早的文字商代甲骨文中的"井"字，就是河姆渡这种四方形的木井框架的象形。

河姆渡遗址还发掘出了数量众多的木结构居民住房基址。河姆渡居民的房屋建筑形式与中原地区和长江中游地区发现的史前房屋有明显的不同，据考证为"干栏式"建筑遗迹，是我国目前所发现的最早的干栏式建筑的实物。干栏式建筑是指在木（竹）柱底架上建造的高出地面的房屋，我国史书中又将这种建筑称为干栏、高栏、阁栏和葛栏等，主要分布于我国长江以南地区。这种建筑有许多好处：可临水而居，可免填挖地基，也可防野兽和敌人袭击。在河姆渡遗址第四文化层底部，有一座干栏式建筑长 23 米以上，进深 6.4 米，檐下还有 1.3 米宽的走廊，总面积达 160 平方米，可能是一个家族的住宅，蔚为壮观。据地理勘测，河姆渡建筑遗址附近有一座小山，东北面当时是一片湖泊，这样的地理位置最适合干栏式建筑形式。河姆渡遗址已经发掘的 2000 多平方米中共发现 29 排木桩，分析至少有 6 栋以上建筑。而整个河姆渡遗址面积达 4 万多平方米，这在原始社会是一个非常大的"社区"了。

河姆渡先民对人类文明的杰出贡献主要有五个中国之最：中国最早的木构水井，中国最早的干栏式建筑，中国最早的织机，中国最早的象牙雕刻，中国最早的漆器。

根据河姆渡遗址出土的动物骨骼构成，比如红面猴、犀牛、亚洲象等，按世界陆地动物地理分区，都是热带和亚热带的典型动物[1]，说明河姆渡人生存时代处于亚热带气候环境。河姆渡文化早期的气候，与现在的海南岛以及广东、广西地区的气候相接近，比现在的宁波更温暖湿润。山上是茂密的原始森林，丘陵上生长着一丛丛浓密的灌木，平原上的沼泽湖泊水草丰美，广阔的海涂远望海天一线。密林深处，生活着老虎、狗熊、大象、犀牛等巨兽；坡前平原，经常有梅花鹿、水鹿、麂、獐、四不像等动物

---

[1]《中国自然地理·动物地理》，科学出版社，1979 年。

身影出没其间；湖塘岸边，扬子鳄懒懒地晒着太阳，大雁、野鸭和白鹤鸣叫起舞……

　　河姆渡人种植稻谷，饲养猪、狗、水牛等牲畜。他们已经善于把生产、生活艺术化。遗址中发现了捏塑的体态肥胖的小陶猪，还有一件陶盆上刻画着稻穗和猪的图案；相当多的骨哨，还有陶埙，既是乐器，也是狩猎时模拟动物声音的诱捕工具。有件"双鸟异日"象牙雕刻蝶形器，长16.7厘米，高7厘米，是河姆渡原始艺术品中的精品。它的正面用阴线刻绘出一幅寓意深奥的图案：中间为五个大小不等的同心圆，外圆上方有几笔炽烈的火焰纹，让人联想起那个万物赖以生长的太阳。太阳两侧，各有一只利喙长尾的鸟，昂首振翼，像是在抬着太阳升空，形象地反映了原始农业发明以后，先民对知时的鸟和照耀万物的太阳的崇拜。中国古代典籍和民间传说中有不少关于飞鸟载日的传说。西汉以前的古籍《山海经·大荒东经》中有"汤谷上有一扶木，一日方至，一日方出，皆载于乌"的说法。时至今日，距河姆渡不远的四明山区，老人中仍流传着"太阳是神鸟从大海里背上天的"传说，唐代文学家韩愈也有诗说："金乌海底初飞来，朱

辉散射青霞开。"[1]

在河姆渡遗址中还出土了六支木桨，柄部与桨叶采用同一块木料制成，与现在使用的木桨形状没有多少差别，做工细致，其中一支在柄下端与桨叶的接合处，阴刻有弦纹和斜线纹。另从遗址中发现的独木舟残件和小陶舟玩具证明，船已是河姆渡先民航渡的主要交通工具了。

为什么宁波先民会选择在河姆渡这个"渡口"边建立大型氏族聚落？这与当时宁绍平原多次发生的海水侵袭有关。

在远古时期，由于气候剧烈变化，地球曾经发生过三次大规模的海水侵袭。最后一次海侵在距今7000年至6000年前达到最高峰，海平面上升了100多米，我国东海海域内伸到今杭嘉湖平原西部和宁绍平原南部。

海侵的过程，也是宁绍平原自然环境恶化的过程，舟山丘陵早已和大陆分离成为群岛，而宁绍平原的土壤迅速盐渍化，人们的水稻种植，从连年减产直到没有收成，迫使宁绍平原部族大规模迁移。迁移路线有三条：一部分向北越过钱塘江进入今浙江西部和江苏南部的丘陵区；另一部分逐渐向南部丘陵区转移；

---

[1] 孟凡夏，《人类最早的太阳神像——"双鸟异日"》，《瞭望周刊》，1993年第40期。

还有一部分迁到浅海中的岛屿上。

越过钱塘江进入浙西与苏南丘陵地区的部族,就是以后的马家浜文化(遗址在浙江嘉兴市)、崧泽文化(遗址在上海市青浦区)和良渚文化(遗址在杭州市)的创造者,即后来春秋时期所称的"句吴"。而留在宁绍平原的部族至春秋时期称为"于越"。专家认为春秋时期的句吴和于越是一族两国,古籍中也多次提到吴、越习俗相同。《吴越春秋》说:"吴与越,同音共律,上合星宿,下共一理。"《吕氏春秋·知化篇》则说:"吴之与越也,接土邻境壤,交通属,习俗同,语言通。"

留在宁绍平原的先民,大多数不断向高程较大的南部迁移,河姆渡遗址即是他们进入会稽山和四明山山地以前的最后一批聚落之一。后来,海侵也将河姆渡淹没于浅海之中。河姆渡人继续转移进入会稽、四明山区,山区的水土资源无法与宁绍平原相比,使这个部族的发展受到很大的限制,这或许就是部族在以后几千年中发展缓慢的主要原因。一直到公元前十一世纪,才第一次在战国时的古籍《竹书纪年》中出现了"(周成王二十四年)于越来宾(归顺)"几个字的记载,这是越族进入历史记载的开始。[1]

海退以后,宁绍平原成为一片泥泞的沼泽,而一日两度的潮汐,也使这片沼泽盐碱地利用十分困难。河姆渡文化文明因海侵衰落了。

二、先民从四明山麓逐步迈向平原

在距河姆渡西边 100 多公里的杭州,接着兴起了"良渚文化"。良渚文化是分布于环太湖地区一支著名的史前考古学文

---

[1] 陈桥驿,《越族的发展与流散》,《东南文化》,1989 年 06 期。

化，距今5300~4000年。良渚遗址是良渚文化的中心遗址和文化命名地，位于杭州市余杭区的良渚、瓶窑两镇。1986年，良渚反山遗址先被发现，发掘出11座大型墓葬，出土陶器、石器、象牙及嵌玉漆器1200多件。至今，各地发现的良渚文化遗址达100多处，有村落、墓地、祭坛等各种遗存，良渚文化文明势力曾影响半个中国。

从河姆渡文化到良渚文化，一江相望，千年之隔，其一脉相承的文化基因是：鸟图像符号始终处于原始艺术创作的核心位置。良渚文化墓地中，共出土了5件圆雕的玉鸟，反映出良渚文化先民和河姆渡文化的先民一样，崇拜鸟，他们都是越族的祖先，可见越族对鸟的崇拜一直不断。良渚文化时期，稻作生产已相当发达，从出土的大量三角形石犁等农具看，良渚人已从河姆渡人一锹一铲的粗耕而迈入了连续耕作的犁耕阶段，从而为当时社会的繁荣奠定了雄厚的物质基础。

2007年11月29日，考古人员在杭州宣布，一座290多万平方米的5000年前的古城在良渚遗址的核心区域被发现。这是长江中下游地区首次发现的良渚文化时期的城址，也是目前所发现的同时代中国最大的城址，可称为"中华第一城"。从河姆渡聚落到良渚古城，我们可以想见越族城市发展的源头。

距今5000年前后，浙北的良渚文化开始渗透到钱塘江以南，因为这个地方已经海退了。宁绍平原出现了具有良渚文化特征的泥质黑衣陶和有段石锛等生活用具和生产工具，考古学界称之为"良渚文化宁绍类型"。宁波先民开始从四明山麓逐步迈向平原。

宁波考古部门在距河姆渡遗址约8公里处，发现了一处河姆渡文化与良渚文化相叠的遗址——慈湖遗址，位于宁波市江北区慈城镇西北角，现存面积约2000平方米，文化堆积厚2.1米，分属河姆渡文化和良渚文化，最早年代距今约5800年。

1986年和1988年两次发掘面积约300平方米，出土石、骨、木、陶等各类文物数百件及少量酸枣等植物遗存。特别是很多的木质生产工具和生活器具的发现，丰富了河姆渡文化的内容。慈湖遗址上层出土的具有良渚文化因素的遗物，为研究河姆渡文化的后续发展提供了实物资料，说明良渚文化在河姆渡文化之后在宁波地区出现。

在慈湖遗址第四层（良渚文化）中出土了两只弥足珍贵的木屐，经碳14年代测定，距今年代为5365±125年，让我们看到了迄今世界上最早的鞋，也仿佛听到了宁波先民在文明进程中奋进的脚步声。这两只木屐设计科学，做工考究，说明木屐最早起源于宁波。

在良渚文化晚期至夏朝初期，距今4000年时期，从传说中可知人类又进入了洪水泛滥时期，这个时期中国华夏民族传说出了一个治水英雄——禹。

禹治水13年，耗尽心血与体力，终于完成了这一件名垂青史的大业，为中国史书记载的第一个朝代夏朝的建立奠定了基础。《史记·夏本纪》写到禹"东巡狩，至于会稽而崩"。说他到东方视察，到会稽这个地方逝世了并安葬于此。会稽就是今天的绍兴，传说因为大禹在这里会集诸侯统计治水功劳，进行表彰，故把这里叫做会稽，"会稽者，会计也"。可见，在夏朝初期，浙东一带人们参与了轰轰烈烈的治水活动，并取得了成功。

春秋时期的史书《左传·襄公七年》中，有"禹合诸侯于涂山，执玉帛者万国"的记载，说当时各个诸侯都向禹进献，大国献玉，小邦献帛。而在那个邦国无数的"万国"时代，今天的宁波地区存在一个叫做"堇子国"的方国。清代史学家顾祖禹在《读史方舆纪要》中说："夏有堇子国，以赤堇山为名。堇，草名也，加邑为鄞。"他解释了宁波这个地方最早叫做"鄞"，是因为在夏朝这里有个"堇子国"，堇子国名是因为这里有一座赤堇山而得名,而赤堇山又是因为有堇草而得名。由于堇子国有一座城邑,就在堇字右边加上一个"邑"字,叫做"鄞"。按照这种古字来历的推理,在夏朝宁波地区应该有一个方国并有一个称为"鄞"的城邑。古书记载,早在原始社会末期,城就诞生了。东汉赵晔撰的《吴越春秋》说:"鲧(大禹父亲)筑城以卫君,造郭以居人,此城郭之始也。"这说明古代城市分为城和郭,内城叫城,是保卫君王统治者的,外城叫郭,是老百姓居住的。杭州考古发现了4000多年前的良渚文化古城,为进一步推断当时堇子国也有"鄞"城的可能提供了依据。据一些学者考证,"城"实际上起源于古人防治洪水的活动。相传在尧、舜、禹的时代,我们祖先与洪水抗争,最初的办法,就是用泥土石块将氏族成员居住地筑起一道道堤埂式的土围子,以拦阻洪水,保护氏族成员的居所和耕地、财产不受洪水的侵袭。这种用以防水的土围子就是"城"的雏形。当然,初期的"城",除了具有防范洪水的功能外,还具有防御野兽侵袭和敌人攻击的作用。

在禹将全国划分为九州时,宁波地区属于九州中的扬州。后来,禹的第五代子孙夏王少康封庶子无余于会稽,以奉守禹陵墓,号"于越",这就是越族和越国的启端。

历史上的宁波地区是越族活动的重要地区。有关越民族生产、生活和上层建筑的文献记载虽然不多,但先秦时代古越墓的发现、发掘,生动地揭示了在夏、商、周至春秋战国时期,宁波地区的聚族大大超过夏代以前的原始社会时代。宁波地区发现了许多商代遗址,鄞州区钱岙、妙山八字桥、百梁桥,江北区慈城小东门、乍山陈山渡商代土坑墓中出土的鸭形壶、云雷纹罐等一批精美的珍品,说明在夏、商代宁波平原地区都有人居住。到西周,居民点远超前代,大多集中在港湾四周。江北区的乌龟山、慈城、乍山等处都有西周墓葬地。就目前发现,最为密集的,是与江北区云湖乡一山之隔的慈溪东安。据不完全的考古调查统计,仅慈溪一地就有 88 座西周土墩墓。东周时代,在宁波古港湾四周,村落已星罗棋布,目前发现的墓葬主要分布在鄞州区山西、横溪、上水、甲村,以及宁波市郊洪塘、妙山、宁波城南的祖关山等地。在古墓葬中除出土了青铜器编钟、削、钵、钺外,尤其是施有青黄釉的原始瓷碗、盘、盅、鼎、钟,更为普遍。伴出的还有大量的印纹陶罐、坛等,艺术装饰上盛行拍印的米格纹、方格纹、回字纹、麻布纹等几何印纹。值得注意的是,宁波出土的青铜器主要为农具类和兵具类等实用器物,少见青铜礼器,这说明越人将贵重的青铜用来实用而非摆设,反映了越国的"耕战"风云岁月和务实的价值观。春秋战国时代,有一定政治、经济地位的人死后,会筑造代表当时身份地位的石室墓。宁波地区石室墓构筑规整,规模很大,所使用的石料都是人工开采的,大的盖顶石重达 5000 多斤,可见宁波地区开采、使用石料历史悠久。在慈溪黄婆山、王岗山、横山、赵家山、青山、羊埠墩等地的石室墓开挖中,出土了成批随葬品。原始瓷有罐、坛、碗、盅,陶器有羊角器、陶璧、甑、纺轮、秤砣、罐、盆、钵、鼎、盘,玉器有玉璧等。对周代土墩墓、石室墓的考古,揭示了宁波这个古老的滨海地区,早在西周时代,聚族村落已有一定的规模,葬地的集中说明了人口渐渐向平原发展这一事实。而且制陶手工业相当发达,已创造了比较坚硬并带釉的原始瓷器,它是越窑青瓷的鼻祖。反映在陶瓷上的装饰艺术更是丰富多彩,从另一个侧面看到了这类原始瓷生产十分广泛,居民点与居民点之间关系也十分密切。[1]

三、宁波地区的早期城堡和建置

越族被清晰记入历史文献时,中国已进入春秋争霸时期。

---

[1] 林士民,《宁波考古新发现》,《宁波文史资料》第二辑,宁波市政协文史资料研究所,1984 年。

《吴越春秋》记载，越国国王勾践被吴国打败后投降归顺。公元前491年（周敬王二十九年、越王勾践六年、吴王夫差五年），勾践在吴国当臣仆三年后，被释放回会稽。起初越地东至鄞（今奉化白杜为中心区域），后来吴王夫差增封勾践领地东到"句甬"（句章和甬东）。学者认为，"句"、"甬"、"鄞"等词都属于越语遗音，其义难确，但后人大致可以肯定宁波地区在春秋时期属于早期越国的东疆。勾践奉行"十年生聚，十年教训"国策，发愤图强，于公元前473年（周元王三年、越王勾践二十四年、吴王夫差二十三年）打败了夫差。夫差乞和，勾践不许，命令他居住甬东（一般认为是舟山），降为百家之长，夫差不肯受辱被迫自杀。勾践不仅并吞吴国，还成为诸侯霸主，一度迁都到今山东省的琅琊，把疆域扩大到胶东半岛。但作为越人文化故园和经济后方，宁绍地区始终为越王所重视。史料记载，越王勾践曾把宁波地区分为三处封给越国的臣属，这就是宁波有史可考的早期三处城邑：鄞、鄮、句章。其中，句章城在史书记载和现今考古发掘中得到证实。周元王四年（公元前472年），由于勾践灭吴之后，成为东周实力最强的诸侯，周元王不得不封勾践为伯爵（诸侯中的老大，也即诸侯霸主）。勾践称霸诸侯后，为了向子孙后代彰显自己的称霸之功，将句余山（位于现宁波市江北区慈城镇王家坝村一带）扩建为句章城。《后汉书》引《十三州志》说："越王勾践之地，南至句余，其后并吴，因大城句余，章（彰）伯（霸）功以示子孙，故曰句章。"这就是句章城名的由来。句章城依山临江，是文献记载宁波地区最早的城堡，其治所位于今江北区慈城附近的乍山城山渡。城山渡在姚江边，东距三江口22公里，西去河姆渡3公里，溯姚江可直达余姚城，顺流入甬江经镇海大浃口出大海。宁波港城是从句章城开始萌芽的，相传辅佐勾践复国灭吴有大功的范蠡，功成身退，就是从这里带着美女西施乘船出海，隐居到山东一带的。句章这座宁波历史上最早的古城，

前后历周、秦、汉、晋诸代，一度繁华800余年。但文献记载的句章古城的历史原貌与确切方位却一直是千古之谜，直到2007年底至2011年，宁波市文物考古研究所经过多年的野外勘探、发掘，才确认句章故城的始建年代为春秋战国时期，城址范围大致在南临姚江、西倚大湾山、东至焦家山西侧、北邻王家坝村南面的区域内。城址平面大体呈不规整的长方形，长约470米，宽120~200米，周长约1200米，面积10万平方米左右。

在句章古城核心区（官署区）发现了流行于春秋末期至战国早期的饰有米筛纹与方格纹组合纹饰及多线条回纹的印纹硬陶片，还出土有原始青瓷罐、豆和泥质黑皮陶罐、盆等生活用具。同时，还发现了一座春秋至战国时期干栏式木构建筑遗址。这座干栏式木构建筑底部先以交错堆叠的木桩形成承重支柱，柱上铺一层木板作为活动面，木板外围圈以一根横木，横木外再支立柱加固。从这个建筑上部倒塌堆积的情况看，当时的屋顶应铺有一层茅草，茅草之上另覆盖有板瓦和筒瓦。整个建筑结构严谨，做工考究，非普通的民宅，与河姆渡文化干栏式木构建筑风格既一脉相承又独具个性，充分体现了江南水乡的建筑特色。尽管当时句章不过是一座人口仅数千人的边陲小城，但它对宁波而言意义非凡，因为它毕竟是宁波历史上的第一座城市。

图④ 句章古城发现的干栏式木构建筑遗存

公元前306年（周赧王九年），楚国灭了越国，占据了越国北边的境地（今浙江钱塘江以北），越国的南境包括宁波地区，则为原越王无疆子孙分割成多个小国，称王称君，统称为百越，臣服于楚。

公元前222年（秦王政二十五年），秦国灭了楚国，秦国大将王翦等平定楚国江南地区，降服了百越之君。秦统一六国，吸取夏、商、周三大王朝亡国的教训，不再把新占领来的土地分封给诸侯王国，而是通过建县来直接管理，实行"郡县制"两级地方行政管理体制，分天下为36郡，郡辖县。秦朝在吴（今江苏苏州）设置会稽郡，在今宁波境域设置了鄞、鄮、句章、余姚（一说余姚县为汉朝设立）四县，隶属会稽郡。这是宁波地区最早的行政建置情况。

鄞县的区域包括今宁波的海曙区和今鄞州西南境及奉化、象山一带，县治设在今奉化白杜；鄮县的区域包括今宁波江东区和今鄞州区东乡、北仑区及舟山群岛，县治设在宝幢，即今鄞州区五乡镇同岙村，旧称鄮廓；句章县包括今宁波市江北和今鄞州北乡及西乡，旧时慈溪、余姚一带，县治设在今江北区慈城附近的乍山城山渡；余姚设县历来有秦、汉二说，部分学者认为余姚非秦代置县，可能是汉代所设。其区域南有句余山（即今四明山），北有姚水，余姚地名是合境内山水之名而成，县治设在今余姚市余姚镇江北。

根据正史与有关方志记载：秦始皇曾经到宁波地区出巡，并派遣徐福带数千童男童女入海寻找蓬莱仙山求仙药。《史记·秦始皇本纪》记载始皇三十七年（公元前210年）十月癸丑，始皇第五次出游，"至钱塘，临浙江，水波恶，乃西百二十里，从狭中渡，上会稽，祭大禹，望于南海，而立石刻颂秦德"。其中"望于南海"就是指在宁波的东海。《越绝书》记载秦始皇巡游的路线"东奏槿头"，槿就是堇，堇即是鄞的前身，奏是趋向的意思，这说明秦始皇往东去了鄞地。晋代陆云在《答车茂安书中》说秦始皇"东观沧海，遂御六军南巡狩，登稽岳刻石文，留鄞县三十日"。今鄞州大雷、慈溪达蓬，都传说有始皇的遗迹。史书记载，秦始皇为了防止越人反叛，还将越人大批迁移到今浙江西部、安徽南部等地，又将天下有罪的官民发配到越地，这使得宁波地区加速与中原文化融合。

秦朝末年，楚、汉相争，公元前206年（汉高祖元年），西楚霸王项羽封英布为九江王，鄞、鄮、句章、余姚四县属九江国会稽郡。西汉建立后，高祖刘邦没有推行秦朝的郡县制，继续采用封王的古法来管理国家。所以在汉初100年里，宁波被纳入王国管理的统治体制。公元前201年（汉高祖六年），汉高祖刘邦封刘贾为荆王，称荆国，宁波地区的四个县属荆国辖地。公元前195年（汉高祖十二年）刘濞为吴王，四县属吴国辖地。公元前154（汉景帝三年）吴王濞等七王举兵反叛，兵败被杀，迁刘非为江都王，四县属江都辖地。

公元前132年（汉武帝元光三年）5月，黄河在瓠子决口，河水泛滥淮泗流域，十六个郡被淹没。这是汉朝以来最大的一次黄河决口，造成了当时梁、楚之地连年遭灾、民不聊生的悲惨局面。公元前119年（汉武帝元狩四年）冬，关东（黄河下游）遭受水灾的贫民约14.5万人被迁移至会稽郡，其中包括宁波区域，宁波又迎来了一次民族融合。

公元前111年，东越王余善谋反，汉武帝派遣横海将军韩说率领军队从句章出海，沿海岸线航行到温州、台州地区一带平叛，这是古代出海道用兵的最早记录。

鉴于王国体制带来的种种问题，汉武帝决心革新行政管理体制。他废除王国制，推行秦朝的郡县制。宁波四县如秦朝时体制归属会稽郡。郡县制推行后，西汉中央政权和地方政权的关系得到合理调整。但受够地方之乱的汉武帝还是不放心，决定加强对郡县地方势力的控制和监督,增设监督机构——部（东汉后期改称州）。在全国设十三部为监察区划,会稽郡属扬州刺史部。

三门湾地区因叛乱开始为汉朝廷所重视,公元前112年（汉武帝元鼎五年）,汉朝设立了回浦县,回浦县县治最初随同东部都尉设在鄞县南部回浦乡,也就是现今宁海回浦乡。这样,西汉时期宁波地区出现了五个分布密度很高的行政县建制,经济文化进入缓慢发展时期。到公元前85年（汉昭帝始元二年）,回浦县又随东部都尉迁治到今台州市椒江北岸的章安。

公元8~23年是王莽篡汉建立新朝的时期,公元14年（新莽天凤元年）,王莽把鄞县改为海治县,把鄞县改为谨县,仍属会稽郡,新朝灭亡后,仍复原名。

公元129年（东汉永建四年）,东汉朝廷以今浙江为界,将会稽郡分为吴郡、会稽郡两个郡,会稽郡郡治由吴（今江苏省苏州市）迁至山阴（今浙江省绍兴市）,辖有10个县。宁波地区的鄞、鄮、句章、余姚四县仍属会稽郡。

以后,州、郡、县三级地方行政体制从三国、魏晋、南北朝一直延续到隋初。

公元132年（东汉阳嘉元年）,曾旌（一作曾於）聚众东海上,攻杀鄞、鄮、句章三个县的县长。沿海诸县奉令屯兵防御,在浃口（今镇海口）设戍驻兵。这是宁波历史上农民起义的最早记录。公元172年（东汉熹平元年）,会稽人许生（一作许昌）在句章起义,自称阳明皇帝,会聚一万多人,攻破城邑。174年,吴郡司马孙坚联合州郡兵进击,许生兵败被杀。

公元200年（东汉建安五年）,东吴孙权承继孙策统领江东,任命他的同学朱然为余姚长。时年19岁的朱然筑造了余姚县城（北城）。后来在三国争雄中,朱然北抗曹魏,西拒蜀汉,一生功名显赫,最后官至左大司马右军师。

东汉、三国时期的宁波，海上贸易频繁。当时的会稽郡（浙江）、江夏郡（湖北）、广汉郡（四川）是全国三大铸造青铜镜的中心，其中前两郡地属三国东吴。吴地铸镜工匠，带着先进的铸镜技艺，从宁波东海口出发，东渡日本，铸造出具有吴地特色的日本"三角缘神兽镜"。日本大阪曾经出土了三角缘神兽镜，镜上有汉语铭文："吾作明镜真大好，浮由（游）天下敖四海，用青铜至海东"。这面日本青铜镜与奉化市萧王庙镇出土的东汉车马神兽镜一脉相承，证明了日本青铜镜铸镜技艺是从宁波传过去的。宁波的海上贸易除了向外输出文明外，也输入文明。宁波东汉墓葬中出土了一些玻璃、玛瑙质地的随葬品，都是当时从海道携入的舶来品。比如，鄞州区高钱东汉墓就出土了玻璃瑱（瑱是古时的一种耳饰）、玻璃珠、玛瑙瑱等舶来装饰品。

公元239年（三国吴赤乌二年），吴太子太傅阚泽施舍出他在句章的私宅，建立普济寺（址在今江北区慈湖中学）。赤乌年间（238~251年），印度僧那罗延来到现今慈溪观海卫南的五磊山结庐修行，他是宁波第一位留名青史的僧人。

在三国吴统治时期，宁波地区相对稳定，没有什么大的战事。但当时人口较少，也偶尔发生一些掠夺人口的事。公元230年，吴主孙权派遣将军卫温、诸葛直，率士兵一万人，从鄞县航海去寻找夷洲及亶洲（东汉时对东海中两大岛屿的称呼），结果他们只到达了夷洲（通常认为是今天的台湾），并掳获了数千人回来。公元264年（吴永安七年），魏国派遣新附督王稚，航海攻入句章，掳去长吏贲林及平民200余人和财产，吴将孙越（一作孙起）闻讯后领兵追击，结果截获一艘船，救回了30人。

西晋太康元年（280年），朝廷把临海郡北端200户和鄞县南部800户人口划出来，设置了宁海县，县治设在白峤，隶属临海郡。

晋代宁波地区梵风极盛，各地多有舍宅建寺者，使日后的明

州成为中国佛教一大丛林。宁波市出土的西晋青瓷堆塑罐上,有深目高鼻的胡人乐队,也有佛像,反映出西域胡人与佛教从海路传入宁波的史实;鄮山西麓乌石岙的阿育王寺,始建于西晋太康三年(282年),是中国现存唯一以印度阿育王命名的千年古刹;位于今鄞州太白山麓的古天童寺,始由僧人义兴于西晋永康元年(300年)创建;位于今奉化雪窦山的雪窦寺,为大慈弥勒道场,始建于晋代,初称瀑布院。

西晋末年以后,相对于北方战乱频发,南方的社会相对安定,加上北方大量人口的不断南移,使南方土地得到开垦,特别是在长江流域,依靠着黄金水道,商业交换也有相应发展,经济出现空前的繁荣。西晋著名文学家陆云曾经描绘了宁波地域的繁荣。当时,有个叫石季甫的人要被朝廷派到鄮县做县令,"鄮县",这是个离着当时西晋首都洛阳两千多里远的陌生地方,他从来没有听说过。朝廷一纸调令吓得他家里"上下愁苦,举家惨戚"。石季甫的舅舅车茂安有一位游历丰富的朋友陆云,车茂安便请陆云介绍鄮县的情况。陆云写了一封文辞优美的《答车茂安书》来安慰石季甫,他详细描述了当时鄮县五乡平原乡土风貌与经济发展情况。在信中,陆云赞美鄮县:"县去郡治,不出三日,直东而出,水陆并通。西有大湖,广纵千顷;北有名山,南有林泽,东临巨海,往往无涯,泛船长驱,一举千里。北接青徐,东洞交广,海物惟错,不可称名。"陆云说,当时的鄮县"民无饥乏之虑,衣食常充,仓库恒实"。海味珍馐更是"目所希见,耳所不闻,品类数百,难可尽言也"。他还赞叹当地人民"恭谨笃慎,敬爱官长,鞭朴不施,声教风靡",说那里是瓜果自然成熟、鸟兽手到擒来的鱼米之乡,鼓励他去任职,一定大有作为。近年来,宁波地区许多西晋砖室墓葬出土了鸡笼、猪栏、狗圈、水井、灶台、谷仓罐等越窑青瓷冥器(陪葬器),造型生动,妙趣横生,既反映了西晋越窑青瓷的卓越成就,也折射出当时社会经济的繁荣,尤其是谷仓罐上的谷仓、庄园式楼亭、胡人乐队,反映了当时居民仓廪殷实、居住宽敞、其乐融融的生活场景。

四、小溪镇:"溪口"边的古城

城市兴衰往往与军事攻防相关,东晋末年的一场战事在宁波城市发展史上影响较大。公元400年(东晋隆安四年),以五斗米道宗教为组织的孙恩起义军从近海岛屿沿江往西进攻,攻破上虞,占领会稽,浙东区域一时成为孙恩的天下。东晋刘牢之率军与孙恩大战于浙东,孙恩军驻浃口(今镇海口),刘牢之部将刘裕率军用黏土和竹筋筑成防守工事——筱墙,驻防于三江口一带,与句章城守军互为犄角,给孙恩以沉重打击。两年后,孙恩进攻临海被刘裕打败,投海自尽,剩余部队转战广州,浙东恢复平静。在镇压浙东农民起义中,刘裕壮大了实力,形成了以后篡夺东晋政权的基础,最后成为南朝的第一个皇帝——宋武帝。而他筑的这道筱墙,也成为了宁波这座城市历史上的第一道城墙。相传今宁波城西翠柏路东侧的筱墙巷过去曾有一段土墙遗迹。筱墙消失了,筱墙巷地名仍然保留了这段历史记忆。同时,在这次战争中,句章城也被摧毁,其后出于各种原因没有再建造,句章,这座在春秋时建起的宁波历史上第一座城堡,渐渐湮没在荒草淤泥之中。东晋隆安五年(401年),刘裕在小溪镇修筑了句章新县城。小溪镇即现今宁波鄞州区鄞江镇,唐长庆元年(821年)州治迁入三江口后小溪镇又改称光溪镇,是鄞江边上的一个小镇,当时的句章新县治在现今的鄞江镇鄞东村土名"古城畈"一带。

从此开始,小溪镇在历史上作为县治、州治时间长达500余年,到隋唐时期成为宁波的中心城区。

为什么当时要将新句章县城选在小溪镇?这和当时的水利条件有关。鄞江上接四明山樟溪,下通奉化江。在余姚江与奉化江交汇的鄞西平原地带,历史上曾有小江湖与广德湖两个著名湖泊。小江湖在今宁波城西南的青林—栎社—南塘河—芝山一带。广德湖的中心地带在今宁波城西的集仕港镇,东起望春桥,西及林村,北达高桥,南过蜃蛟,面积之大,超过东钱湖。小江湖、广德湖的黄金时代是南北朝至隋唐时期(420~907年)。在农耕时代,有湖泊的地方,也往往是农耕发达之区。广德湖可"溉田四百顷",小江湖可"溉田八百顷"。因此之故,鄞西平原成为宁波著名的产粮区。小溪镇正处于四明山下,三面环山,鄞江、光溪二水中穿,因处于淡水区,是山区与平原的交界处,水上交通方便。当时小溪镇有小溪桥和小溪港,作为交通动脉,小溪港是鄞江桥通向宁波及邻县的主要上河水系。小溪镇光溪塘盛产石料,是古代一大产业,石料必须经广德湖出小溪港,运往浙东各地。小溪镇当时这种独特的经济地理环境,正是它成为宁波城市早期中心的原因。

宁波的三江区域经济经过秦至晋六个多世纪的开发建设,

贸易也逐渐兴盛起来。青瓷通过海路输往日本列岛、朝鲜半岛及东南亚国家,成为区域经济的一大产业,三江口成为早期海外商品贸易集散地和文化交流传播地。韩国江原道原城郡法泉里出土了东晋青瓷羊形器,忠清南道天安郡城南面花城里花院百济墓出土了东晋青瓷双系盘口壶,均反映了宁波东晋时期青瓷出口贸易的事实。

南北朝时期江南战乱较少,农业逐步得到开发,经济地位逐步上升,日益取代黄河流域而成为全国经济中心。当时已有"今之会稽,昔之关中"的说法。

南朝宋大明四年(460年),山阴地区(今绍兴)因为土地兼并,导致大批农民丧失土地。时任丹阳尹的山阴人孔灵符以山阴田少人多为由,奏准朝廷移山阴县人民来余姚、鄞、鄮三个县垦殖湖田,拉开了宁波平原大规模土地开发的序幕。南朝宋大明七年,会稽太守刘子尚到今鄞州、奉化一带劝农,鼓励农民烧燔垦殖、种桑养蚕,浙东土地得到进一步开发,为以后唐宋时期明州经济的发展奠定了基础。

南北朝时期宁波地区只发生过两次较小的战事。南朝宋泰始五年(469年),临海人田流自称东海王,占据鄞县沿海山谷,攻入鄞县县治并杀了县令。次年,龙骧将军周山图屯浃口攻击田流,田流被自己的副将所杀。南朝陈天嘉四年(563年),福建人陈宝应率众侵扰浃口,第二年即兵败被捕。

因南北朝时期地方纷乱,各自为政,州、郡、县三级行政区域异常混乱。隋朝建立后,隋文帝着手精简机构,废除郡制,以州辖县,全国实行州县两级地方管理体制,类似于秦。隋炀帝即位后,为和秦朝郡县制相统一,把州再改称回郡。

隋开皇九年(589年),改会稽郡为吴州,设吴州总管府于山阴。废鄞县、鄮县、余姚县,而把鄞、鄮、余姚、句章之地并入句章县。这个句章县区域极大,包括了今天的宁波与舟山两个地级市,地方志上称为"大句章",县治仍在小溪镇。

隋大业元年(605年),又罢吴州总管府,改吴州为越州,607年复改为会稽郡,句章县的隶属没有变化。

唐朝建立后开创了中国政区史上"道"和"府"的建制,各道设采访使,道下设州、府,州、府下再设县。唐代的道、州、县三级政区制度一直延续到五代宋初。直至今日,日本、韩国、朝鲜仍保留沿用了唐朝道级行政区的称谓,如日本的北海道、朝鲜的咸镜道等。可见"道"的影响之大了。

唐改革隋制,改郡为州,会稽郡如隋文帝时期一样被废,设为越州,并置总管府统辖。唐武德四年(621年),将大句章县析成姚州、鄞州。以原鄞县地、鄮县地、句章地设鄞州,以原余姚县地设姚州。鄞州是因鄞江而得名的。

唐武德八年(625年),姚州改成余姚县,废鄞州,恢复鄮县名称,县治仍在小溪镇,隶属于越州。这时的鄮县包括秦汉时鄞、鄮、句章三县地域,地方志上称为"大鄮县"。

唐代初期,三江口耸起了一座标志性佛教建筑:始建于唐武则天天册万岁、万岁登封年间(695~696年)的天封塔。塔高18丈,约51米,共14层,包括地宫分七明七暗。

公元705年,朝廷划台州宁海县、越州鄮县部分属地,设置象山县,隶属台州,县治在彭姥村(即丹城)。

唐开元二十六年(738年)七月十三日,江南东道采访使齐澣向朝廷奏准,从越州分出现今宁波地区和舟山地区范围设立明州,明州与越州同隶属于江南东道。同时,将鄮县分为鄮、奉化、慈溪、翁山(今舟山)四县,隶属于明州。

明州州治和鄮县县治都设于小溪镇,明州名称是因小溪镇位于四明山东麓而得名。齐澣又召集润州(今江苏镇江市)流民500户,安置于明州州治生活。这一年,明州有42027户,207032口,这是宁波史上最早的户口记载。当年明州州学也随

图⑥ 始建于唐代天册万岁、万岁登封年间（695—696年）的天封塔

州治设立于小溪镇，鄞县则建造了宁波最早的道观——开元宫道观。小溪镇此时作为县治与州治所在地，成为宁波城市前身的政治、经济、文化中心，达到了宁波历史上"小溪时代"的鼎盛期。

这时的小溪镇是一座拥有州治、县治衙门的城市。其城郭辖区在今鄞州区鄞江镇的主要范围：东接马湖，南接北坑岭和奉化相邻，西至金陆田厂，北面接连大德会前的大德桥（即现已被拆除的鄞江桥前身）。由于诸多原因，后来又将明州州治迁移到现在的光溪村（土名大石板墩）。而鄞县县治衙门大约设在古小溪桥（土名后甩龙桥）以东130余步，衙门朝南，县治衙前街宽丈余,长十数丈,街至尽头往西为大兴巷,是当时市集的主要交易场所。往东即为校场(古时候军队操练或比武的场地),当时称马家营,驻扎千余军马,位于现工农桥附近。

公元744年(唐天宝三年),著名的唐代高僧鉴真第三次东渡日本,至舟山群岛附近,再遇大风,船触礁后鉴真一行在荒岛上忍饥受冻三天三夜,后被救至明州,在阿育王寺暂住。

唐代,高度繁荣的社会、经济和文化及开放政策吸引着亚洲各国纷纷前来朝贡、贸易和文化交流。日本自公元630年起至公元894年间,以朝廷名义先后派出十几批遣唐使赴大唐学习先进的政制法令、宗教文化及社会习俗,其中有三次在明州登岸入境。第一次为唐天宝十一年(752年),孝谦朝遣唐使舶三艘至明州。第二次为唐贞元二十年(804年),桓武朝遣唐使舶四艘,其中副使石川道益所乘一艘127人抵明州,日僧最澄同舟来,他获得了通行证"明州牒"后,往参天台国清寺。次年,正使藤原葛野坐船由福建长溪转至明州,两船自明州放洋返日本。第三次为唐开成三年(838年),明仁朝遣唐使舶四艘有两艘抵明州,次年返回日本。明州成为日本遣唐使入唐登岸与归国返航的重要口岸之一。因唐明州州治开始设于小溪,至唐长庆元年(821年)明州州治才由小溪迁至三江口。因此,遣唐使至明州第一、第二次是在明州小溪登陆的,第三次则是在明州三江口东渡门至渔浦门沿江船舶停靠码头上岸的。

公元762年(唐宝应元年)八月二十五日,台州人袁晁在翁山起义,攻占台、温、衢等州,聚众二十万,并建元号"宝胜"。袁晁于当年十月初十日进占明州,次年为唐河南道副元帅李光弼所败,被斩于长安。

公元764年(唐广德二年)象山县由台州划隶明州。公元771年(唐大历六年)鄞县县治由小溪迁到奉化江、姚江、甬江交汇之处的三江口(今宁波城区),并撤销翁山县,将其地并入鄞

县。而明州州治仍在小溪镇,州、县分为两城。

公元809年(唐元和四年),在鄮县浃口(今甬江口)北岸设置望海镇。至公元897年(唐乾宁四年),改名静海镇,隶属于明州。

五、三江口:贸易兴盛明州城

唐长庆元年(821年),因为小溪镇地形狭小,已经不适合做州治,明州刺史韩察奏请朝廷,将明州州治从小溪镇迁至现今宁波三江口。自此,三江口作为浙东政治、文化、经济中心绵延至今。韩察发动民众修筑了子城。据南宋《宝庆四明志》载,"子城周围四百二十丈,环以水"。据近年考古发掘,唐代子城南起鼓楼(鼓楼即是子城南门),北至现公园路(府山后)一带,西到现呼童街西侧,东到蔡家巷、府桥街。范围与文献记载基本相符。子城建成后就成为当时明州官府办事机构驻地,是明州政治、经济、文化中心,百姓则野居子城外,不得任意出入子城。同时,鄮县县治还迁回小溪镇,另外选择高处建县城。

唐长庆三年(823年),为方便城市东、西地区联系,刺史应彪在州治东奉化江(约在今江厦桥址)筑东津浮桥。"津"是"渡

图⑦ 始建于唐代的明州子城南门鼓楼

图⑧ 连通宁波城市奉化江东、西岸的灵桥

⑧

口"的意思,"东津浮桥"就是城东渡口浮桥,连舟16艘,这是宁波最早的跨江浮桥。竣工时,恰巧天现彩虹,因而取名灵见桥,后称灵桥。两年后灵桥南移到现今地址。灵桥在相当长时期内是宁波的象征,至今讲到不标准的宁波口音普通话,仍戏称之为"灵桥牌普通话"。灵桥推动了宁波城市向东扩张。

新兴的州城,不能没有淡水资源。在宁波从"溪口"走向"江口"发展的历史进程中,唐太和七年(833年)鄞县县令王元暐做了一件功在当代、利在千秋的大事,他在光溪镇(小溪镇改名)的它山旁边建造了它山堰。古时小溪镇的樟溪因为河床较浅,在多雨季节时流量大,经常泛滥成灾,而无雨季节时又容易干涸,并且有海水倒灌,咸潮侵蚀土地,危害很大。它山堰工程"垒石为堰于两山间",堰长134.4米,宽4.8米,堰面用条石砌筑,堰身中空,堰顶可以溢流。它山堰建成后,江、河截然为二。堰上之水,平时七分入河,三分入江;涝时七分入江,三分入河。入内河之水,灌溉鄞西平原24万亩良田,并经南塘河流入明州城的日湖和月湖,作为城区居民的生活用水和消防用水,明州城得益于它山堰水利枢纽工程的淡水供给,赖以生存和发展。整个它山堰工程规划周密,规模宏大,在当时首屈一指。可以说,它山堰的建设,既解决了光溪镇及周边的饮水问题,同时也解决了

图⑨ 唐代它山堰遗址

三江口明州城的淡水资源需求。1000多年来,宁波城市所用淡水,主要靠它山堰供应水源。今天的南郊水厂,仍利用南塘河水源。它山堰在中国水利史上占有极为重要的地位,它是国家重点文物保护单位,与我国古代著名水利工程郑国渠、灵渠、都江堰合称为中国古代四大水利工程。

公元858年(唐大中十二年),州人任景求舍宅为寺,取名东津禅院,为今宁波市江东区七塔寺的前身。

公元859年至860年,剡县(今嵊州)人裘甫起义,攻破象山、上虞、余姚、慈溪,入奉化,占据宁海。最后被新任浙东观察使王式率兵镇压。

唐末,地方割据势力混战,公元881年(唐广明二年)浙东观察使刘汉宏图谋割据,以台州将领刘文为明州刺史,率部攻明州,被明州代理知州羊僎击退。羊僎死后,刘文占据明州城,但不久又被鄞县将领钟季文赶走,钟季文自为明州刺史。

公元886年(唐光启二年),杭州刺史董昌遣部将钱镠,开道500里,出曹娥埭,在越州击败刘汉宏军队,进屯余姚丰山,钟季文闻风归附。公元892年(唐景福元年),钟季文死后,他的部将鄞县人黄晟自为明州刺史,黄晟讨平边邻割据势力,保境安民。公元895年(唐乾宁二年),董昌称帝于越州,建号大越罗平国,宣称拥有明、台、温等六州地,命袁邠守余姚。次年三月,已经任浙东招讨使的钱镠遣将讨伐董昌,攻余姚,黄晟发兵协助,袁邠投降。五月,攻破越州,董昌被杀。唐代在设兵戍守之地,设置"军"、"镇"、"戍"等,"安史之乱"后,内地也设"军"。钱镠消灭董昌后,升任镇海军、镇东军节度使,明州属镇东军辖境。

公元898年(唐乾宁五年),黄晟为保一方平安,加强城池防御能力,在现长春路、和义路、东渡路一线构筑城墙,建造明州罗城(亦称外城)。罗城与子城形成的双城体系,标志着明州城市格局的形成。至此,三江口正式成为浙东区域中心。

据南宋《宝庆四明志》记载,明州罗城的地形为:"奉化江自南来,限其东;慈溪江自西来,限其北,西与南皆它山之水环之。"通过考古发掘和文献资料证实,罗城周长18里,建有10个城门。当时修建的罗城在东面由于受到姚江和奉化江的影响,整体呈梨形。城墙为夯土砖包,地基使用松木搭建,克服了软土层带来的施工困难。宁波考古工作者1993年在发掘市区东渡路古城墙遗址时发现一块写有"乾宁五年"的城砖,砖面的文字是反书的,是唐代末年唐昭宗的年号。纪年城砖证实,明州罗城城墙修筑于黄晟刺史任上的历史记载是可信的。而罗城城墙从建筑开始,就用夯土作城墙内心,两侧全用砖头砌叠,整齐有规律。我国筑城的历史很早,新石器时代中晚期北方地区就出现了板筑的夯土城墙,这种采用夯土板筑城墙的做法一直沿用到宋代,自宋代开始,用砖、石砌筑城墙的做法才逐渐多了起来,到明代中叶后,砖城开始普及。在明州罗城城墙修筑时,远在北方的大唐都城长安还是一座夯土墙城,皇帝居住的唐长安大明宫宫城除城门墩台和城拐角处用砖砌筑外也是夯土墙,只不过城墙比明州城墙厚一些而已。唐代杭州城也是夯土城墙,直到南宋绍兴二十八年(1158年)才开始在土墙外包砖,比明州砖墙城晚了260年。可见明州罗城城墙当时在全国是领先的。

公元909年（五代后梁开平三年），连任明州刺史18年的黄晟去世。黄晟去世后，鉴于他对明州城所作出的巨大贡献，民众奉以为神并建祠纪念。这年，已经被封为吴越王的钱镠巡视明州，升明州为望海军，改鄮县为鄞县，鄞县县治从小溪镇迁到三江口的州城。同时，钱镠设置望海县（一作静安县），未几又改为定海县，辖地为今镇海区和北仑区，至清代改称镇海县。宁波进一步向海港边发展。

从县治首次尝试着迁到三江口，接着州治也迁到三江口，最后县治也迁回三江口，这是宁波城市一个大的转折点，说明宁波的发展重心，已经在三江口巩固。

唐末为什么要将宁波城市中心迁到三江口？这与三江口地理位置更有利于外贸的开展有关。三江口"据江海冲"，便于海外贸易；而小溪镇北临鄞江，地势卑隘，拓展困难，自身的发展空间有限，已经不适应城市发展的需要。此前，宁波主要是农耕

图⑩ 现今宁波三江口

区,故政治中心在鄞西平原小溪镇内。而在外贸兴起情况下,政治中心转移到通海便利的三江口更为要紧。

公元935年(五代后唐清泰二年),明州僧子麟赴高丽、百济(今朝鲜、韩国)传授天台宗佛教。后高丽派遣使者李仁日送子麟返回明州,这是高丽使节首次到明州的记载。

终唐一代,明州城经历了城市的确立到巩固的历史过程。以上林湖为中心的越窑青瓷高度发展,推动了区域经济的日趋繁荣。海上丝绸之路的最终形成与发展,带动了明州港城经济、文化的进一步提高与扩散,明州商团的活跃,在其中起到了推波助澜的作用。作为日本遣唐使的登陆地,明州成为唐王朝面向东亚的门户、海上丝绸之路的核心港口。

海上贸易推动了越窑青瓷的兴盛。唐、五代时期朝廷先后在慈溪上林湖设立"贡窑"和"置官监窑",大量烧制"秘色瓷"。1977年出土于宁波慈溪上林湖吴家溪的越窑青瓷"凌倜"墓志罐,上有铭文"中和五年(885年)岁在乙巳三月五日,终于明州慈溪县上林乡……殡于当保贡窑之北",说明唐晚期朝廷已在越窑上林湖设置"贡窑"。1973年,在宁波市区和义路、东门口的考古发掘,第一次发现了唐、五代明州渔浦城门遗址、城址和城外造船(场)遗址,出土唐代青瓷、漆器、陶器及建筑材料构件等计900余件文物和一艘龙舟遗物。此次考古发现的瓷器数量之多,质量之精,品种之丰富,为我国陶瓷考古史罕见。其中有一件越窑云鹤纹碗,写有"大中二年"(848年)铭文,为同时出土的瓷器确定了绝对年份。

除了越窑青瓷之外,还有湖南长沙窑瓷器出土。在国内,长沙窑瓷器除扬州、宁波外,其他地区鲜有出土。这说明,唐代明州不单是越窑青瓷外销的港口,也是长沙窑瓷销往海外的主要港口,又一次以实物证明,宁波是"海上丝绸之路"的核心港口。

图⑪ 和义路出土的一批唐代越窑青瓷
图⑫ 唐代明州海上陶瓷之路示意图

六、重要的国际港口城市

宋废"道"设"路"，尽削原"道"节度使权力，代之以各"路"转运使。转运使原是宋朝廷为收取地方赋税而设，后替代"道"节度使成为一级地方政府。明州隶属两浙路，后隶属两浙东路，其以州（府）辖县格局未变，辖慈溪、奉化、象山、定海、鄞五个县。宋建隆元年（公元960年），改称明州奉国军。"军"是宋代行政区划名，与府、州、监同隶属于路。

宋代是中国古代市舶司制度最健全、功能发挥得最正常的时期，它使万千舟船、各路客商井然有序。公元978年，宋吞并吴越后，在杭州设立了两浙路市舶司，管理自长江口东段到浙南沿海与福建交界处海域内港口的对外贸易。公元992年（宋淳化三年）四月，因为明州已成为繁荣的外贸港口，来往于日本、高丽、东南亚、阿拉伯等国家和地区的商人经常取道明州，原设在杭州的两浙路市舶司，便迁至明州，设于明州子城东南隅，监察御史张肃为市舶使。市舶司是唐、宋、元及明初在各海港设立

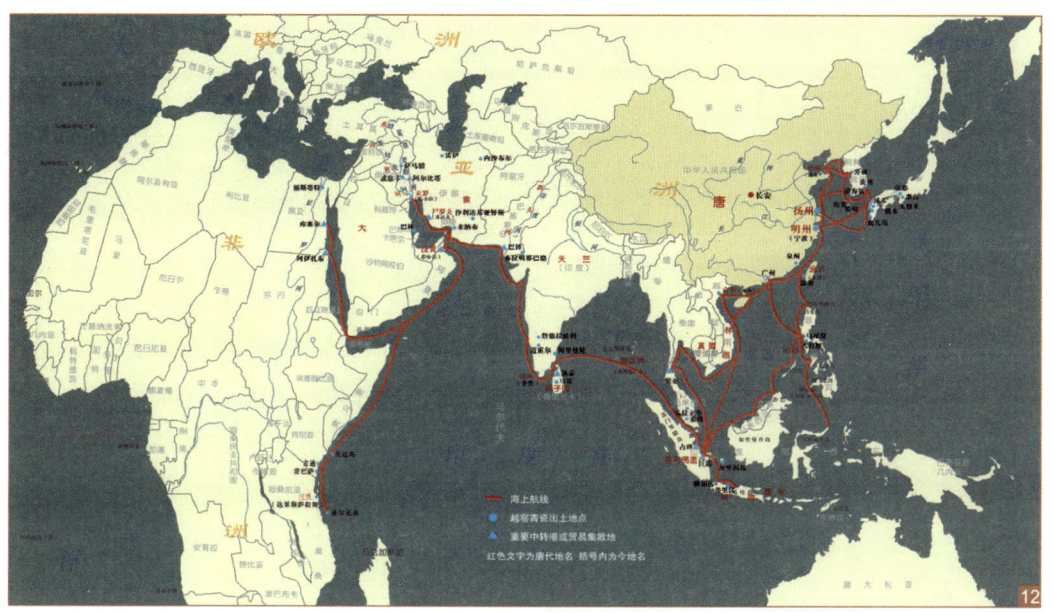

的管理海上对外贸易的政府机构,相当于现在的海关。十二月,阇婆国(今印度尼西亚)国王穆罗荣派遣陀湛率船六艘取道定海(今镇海)、明州至北宋首都汴京朝贡。至公元999年(宋咸平二年),又设立明州市舶司,与杭州、广州市舶司合称"三司"。为了服务外贸,明州这时候还设置了波斯馆、清真寺等。

宁波古代城市的成熟是在两宋时期,特别是在南宋,由于都城迁建临安(今杭州),使得自古以来地处边陲的浙东一举成为近畿之地。宋室南渡前后,大批北方士族移民的涌入,给区域经济文化注入新的活力。浙东素有商业传统,城市功能从唐末五代开始向商业中心转变,居住区和商业区的界限被彻底打破,明州成为具有对外贸易繁荣、农业及手工业发达、文化思想厚重之特色的浙东中心城市,其国防之责、赋税之出、市舶之重、文化之厚,在全国有着尤为突出的地位。

宋代明州依靠连通内陆运河和陆路交通,连接长江黄金水道等区位优势,为海外交通贸易发展奠定了良好的基础。不仅是中央政府面向东亚的政治交流门户,也是商品经济从内陆向海洋,从区域市场向近海市场扩张的桥头堡。从北宋末期到南

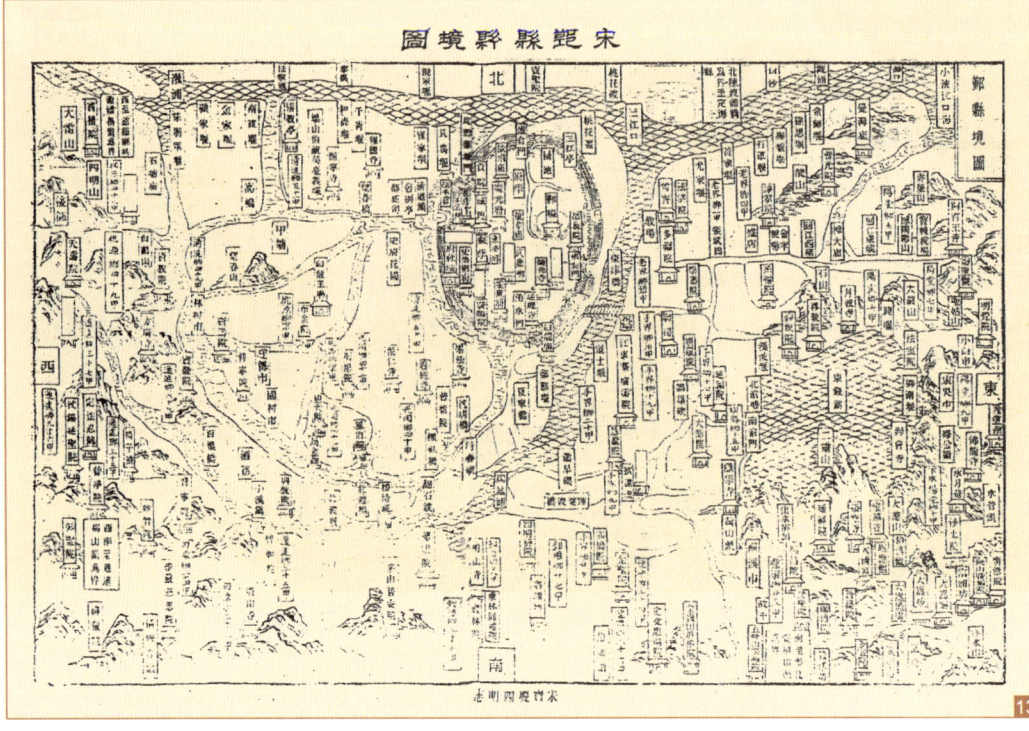

宋一代，明州港迅速发展成为中国三大海外交通港口之一，成为中国东南的国际大码头。

宋代，宁波制造业全国领先。北宋大中祥符六年（1013年），宁波建造了保国寺大殿，保存至今，是目前江南最古老、保存最完整的木结构建筑，属于第一批国家重点文物保护单位。宁波还在宋代打造了"万斛"神舟出使高丽。据《宋史·高丽传》记载，元丰元年（1078年），朝廷派遣安焘、陈睦出使高丽，曾令明州造万斛神舟两艘，一艘叫凌虚致远安济神舟，另一艘叫灵飞顺济神舟。后来宣和间（1119~1125年）路允迪等出使高丽，徽宗又诏令有司再造两艘神舟，一艘叫鼎新利涉怀远康济神舟，另一艘叫循流安逸通济神舟。当时的神舟非常豪华，据随同出使的徐兢描述："若夫神舟之长阔高大、什物器用人数皆二倍于客舟也……巍如山岳，浮动波上，锦帆鹢首，屈服蛟螭，所以晖赫皇华，震慑夷狄，超冠今古，足宜丽人迎诏之日，倾国耸观，而欢呼

图⑬ 宋鄞县境图
图⑭ 高丽使馆遗址

嘉叹也。""斛",是古代的一种计量单位,每斛大约合60公斤,万斛约600吨,这在木帆船时代是非常了不起的,应该是当时世界上最大的木帆船了。宋代明州造船业跃居全国首位,北宋后期,明州造船额定年产量为600艘。1979年4月,宁波考古人员在东门口原宋代海运码头遗址发掘了三处造船工场遗迹和一艘宋代古船,宁波目前已发现了唐、宋、明、清共5艘古船,包括龙舟、货船、战船三种,发现古船的数量、种类之多,在全国罕见。

宋神宗熙宁六年(1073年),因鄞县隔海管理群岛不便,在今舟山定海设置昌国县,明州辖县增至六个。至此,明州行政区域基本确立。[1]

北宋时期,宋廷与高丽王朝建立了更加紧密的联系,双方不仅官方使节频繁往来,民间商贸也十分活跃。政和七年(1117年),宋廷在明州创设"高丽司",管理与高丽有关事宜,并建政府外事接待机构——"高丽使馆",以应使者往来之需。宋神宗元丰二年(1079年)"诏立高丽交易法"规定:明州是赴高丽、日本等国海外贸易的唯一合法港口。宋代明州海运码头设在今三江口的奉化江西岸江厦街沿江一带。宋代明州市舶务设在城

---

[1] 徐雪英,《宁波古代建置的演变历程——从边缘蛮荒之地到物阜民丰之邦》,《宁波晚报》,2012年03月25日。

内东渡门之南，市舶务东侧有城门"来安门"，门外建有作为办理外国舶商签证之处的"来远亭"。

高丽使馆是我国古代对外交流史上的一朵奇葩，遗址位于宁波市区镇明路月湖东岸。高丽使馆遗址清理出了宋代的建筑基址和都酒务作坊等大量遗迹，出土了北宋时期典型的越窑制品，以碗、盘为大宗。在建筑内出土了"元丰通宝"钱币，柱础中出有铸于1111年的"政和通宝"钱币以及高丽青瓷残片等文物。

宋代明州城墙建筑在唐代的基础之上，改圭角形门洞为券门洞。设置城门10座，分别是东北面的东渡门、渔浦门、盐仓门和达信门，东面的来安门、灵桥门和鄞江门，南面的甬水门，西面的朝京门（南宋改称望京门）和北面的郑堰门。其中，灵桥门得名于奉化江上的灵桥（即东津浮桥），而望京门因为朝向京城临安而得名。1130年一月，宋高宗赵构在躲避金军追击的南逃过程中，曾路过明州，并自东渡门乘船入海南下温州，浙东制置使张俊奉命掩护，后撤离。当年二月，金兵占据明州17天，烧杀掳掠，史书说"金人遂焚其城，惟东南角数佛寺与僻巷居民偶有存者"。这是明州古代历史上最大的一次浩劫。

宋代明州县学昌盛，人才辈出。北宋庆历七年（1047年），27岁的王安石出任鄞县县令，在鄞县县令三年任上，他重视民生，兴修水利，创建县学，写下了《明州新修刻漏铭》、《海堤记》、《慈溪县学记》等文章。他延聘当时的名士杜醇、楼郁掌教县学。与此同时，杨适、王说、王致也在大隐、鄞江等地创立书院，传道授业，一时甬上学风大开。杜醇、楼郁、杨适、王说、王致这五位北宋仁宗庆历年间（1041~1048年）从事教育事业的学者，被后人尊称为"庆历五先生"。他们所开启的"耕读传家、商儒并生"的传统，绵延千年，影响深远。南宋乾道初年（1165年），明州学者袁燮、沈焕、杨简、舒璘同入太学，共同师事南宋著名哲学家、教育家陆九渊（号象山），精研象山心学，深得陆氏"心"、"理"学

说之精髓。因他们发扬四明学术之风,讲学任教,主要活动在南宋孝宗淳熙年间,故被合称为"淳熙四先生"。他们弟子满天下,学术影响广泛,将南宋时期的鄞人时代推向了一个高峰,时有"满朝朱衣贵,尽是四明人"之语。南宋"三相"——史浩、史弥远、史嵩之,是鄞县史氏家族代表人物,先后任朝廷宰相要职,对当时南宋王朝的政治、经济、文化有着重大影响,其中,尤以史浩为抗金英雄岳飞平反,影响最为深远。史浩、史弥远分别被封为南宋的"忠定王"和"忠献王"。史氏家族出现如民谚流传的"一门三宰相,四世两封王,五尚书,七十二进士"的极盛现象,时有"满朝文武,半出史门"的美誉。至今在宁波东钱湖墓葬群保留了南宋时期史氏宰相墓的许多石刻,这些石刻体量大,种类多,成为中国南宋时期规模最大、数量最多、雕刻最精的墓道石刻遗存,填补了中国南宋时期美术史、文物考古史、雕刻艺术史的空白。东钱湖墓葬群被国务院公布为全国重点文物保护单位。

南宋宁宗在继皇帝位之前,曾遥领明州观察使。1195年,宁宗继位,改年号"庆元",升明州为"庆元府",由此,宁波历史名称又增添了一个新称呼:庆元。

南宋建立了宁波历史上第一座水文监测站。宝祐四年(1256年)春,观文殿大学士吴潜被授为沿海制置大使,判庆元

府，主政宁波。宋时甬城常闹水灾，1259年，吴潜亲自随舟测量城内外河流水位后，在月湖平桥设立"平"字水则碑，建立了全城统一的"水则"标识——他选址城西南的月湖平桥之下，创建"水则亭"。亭中立碑石，镌刻"平"字于石上。他颁布政令，规定城外所有碶闸均视"平"字之出没，为启闭潴泄之标准，"水则"这个"则"字，是准则的意思，即水位过"平"字头上一横则开闸泄洪，水位低于"平"字则关闸蓄水。从此宁波城很少为水灾所害。

吴潜主政宁波三年，兴修水利，贡献极大。他修砌"吴公塘"，自水仙庙望春桥至高桥西塘路，长约12.2公里。还于宁波四乡全面整治碶闸堰坝：南乡陈婆渡建楝木碶；西北高桥乡建大西坝，筑北郭碶；府治南门奉化江北岸，重建澄浪堰（时称"郑郎坝"）。其中大西坝、北郭碶、澄浪堰等水利设施，均直接沟通月湖水系，用作阻咸蓄淡、泄洪排涝及舟楫交通。这些13世纪修筑的水利工程，有的至今还在发挥作用，惠泽万民，造福后人。吴潜共在宁波主持修建了6座水闸、6条堤坝，治理了46条河道，水利工程的数量和规模历代无人能及。当时慈溪县境内受东海海潮侵袭，姚江流域土地一半时间被海水浸泡，经常旱时无水、涝则泛滥，导致粮食歉收、民不聊生。吴潜募集大量民工开

图⑯ "平"字水则碑

图⑰ 按照新安沉船复原的木船

凿河道，使周边慈溪、镇海、鄞县三地十万亩田地成为良田。[1]

元代中央行政机构名称是中书省，中央行政机构在地方设置的派出机构，就叫行省。元朝打天下时，打下一个地区就设一个"行中书省"，相当于临时军事管理机构，成为凌驾于州之上的大行政区。至今700多年，行省制度已经成为中国十分稳定的政区制度。行省之下，基本沿袭宋制，依次分为路（府）、州、县。宋朝的"庆元府"（宁波）改为"庆元路"，属省治设在杭州的"江浙行中书省"。昌国（舟山）、余姚、奉化都由县升格成州，分别为昌国州、余姚州、奉化州。[2]

元代，宁波成为出口贸易集散地。600多年前，一艘长34.8米、宽11米、载重量200吨的木制大型商船，满载陶瓷、铜钱、香料等货物，从庆元港（宁波）出发前往日本进行贸易，谁知中途遭遇大风，在朝鲜半岛西南角的新安外方海域沉没了，整条船连

---

[1] 陈鸿，《吴潜：创造多个"宁波第一"的南宋地方官》，《宁波晚报》，2012年3月11日。
[2] 徐雪英，《宁波古代建置的演变历程——从边缘蛮荒之地到物阜民丰之邦》，《宁波晚报》，2012年3月25日。

同满载的货物一起沉入海底。600多年后的1976年,这艘沉船被发现。从沉船里打捞出了20691件陶瓷器、1071根紫檀木,以及800万枚重达28吨的中国铜钱和高丽、日本等国文物。其中有一件铜制秤砣,其一面刻"庆元",一面刻"庚申年"铭。"庆元"即今之宁波,"庚申年"当为1320年,学者以此推断新安沉船可能是从庆元港(宁波)启航,驶向日本博多港(福冈)的海外贸易船,时间应在1323年后。

沉船出水的两万多件外销陶瓷器,大多是江西景德镇窑和浙江龙泉窑的产品,也有江西吉州永和窑,福建建窑,河北磁州窑、定窑系产品,其中的"使司帅府公用"铭文龙泉窑碗,是元代"浙东道宣慰使司帅府"治庆元府时官署衙门的公用器物。这些情况说明元代宁波是出口大港,全国南北瓷器大多通过宁波出口。事实上,由于元朝的庆元市舶司一度下辖温州、上海、澉浦多处市舶机构并直属于中书省,庆元港是朝廷非常重视的贸易大港。

无独有偶,宁波还发现了元代的衙署仓储区遗址——永丰库遗址。遗址位于鼓楼东侧,2001年9月和2002年3月,宁波市文物考古研究所两次对其进行了抢救性发掘。遗址南北长120米,东西宽80米,总建筑面积9600平方米,出土各类可复

图⑱ "使司帅府公用"铭文碗

图⑲ 铸有"庆元路"铭文的铜权(秤砣)。该铜权系元代庆元路铸造的器物

图⑳ 元代永丰库遗址

原文物800余件，汇聚了我国宋元时期大江南北不同区域的著名窑系瓷器，反映了宋元时期宁波"海上丝绸之路"发展繁荣的历史事实，为确认宁波为元代第二大对外贸易港口在考古学上提供了重要实据。永丰库遗址是我国首次发现的古代地方大型仓库遗址，被国家文物局评定为"2002年度中国十大考古新发现"之一。

七、海定波宁称宁波

明代，省仍为最高地方行政区划，但称谓、权限却有变化。明太祖朱元璋为削减省、府、州、县、地方势力的权力，废除"行中书省"，改称"承宣布政使司"，简称"布政司"，并且三权分立，设布政司管民政，按察司管司法，都指挥使司管军事，简称"布司"、"按司"、"都司"。布、按、都三使皆为封疆大吏，互不统属。这和元代的行省制度已有区别，但因为"布政司"区划和前代相同，所以习惯还是称"行省"或"省"。1368年，占据庆元的元末浙东农民起义军领袖方国珍降明后，明太祖朱元璋改"庆元路"为"明州府"，隶属"浙江行中书省"，浙江省名始此。昌国、余姚、奉化也复为县。除余姚属绍兴府外，昌国（舟山）、奉化、鄞、慈溪、

图㉑ 雪舟《唐山胜景图》

象山、定海（镇海）六县仍属"明州府"。

明洪武十四年（1381年），为避国号"明"之讳，同时也不愿产生"庆祝已经覆灭的元朝"的字面歧义，明太祖朱元璋采纳鄞县人单仲友建议，以境内有定海（今镇海）县，取"海定则波宁"意，祈愿海疆安宁，改"明州府"为"宁波府"。从此，"宁波"之名沿用至今。明成祖永乐十六年（1418年），宁波府慈溪县失落官印，恐为歹徒拾得伪造公文，就改"慈溪县"为"慈谿县"。明时废昌国县，宁波府领属为鄞、慈谿、奉化、定海、象山五县。

明初实行海禁，使得私人"寸板不得下海"，只允许外国与明朝廷进行有时间、地点规定的朝贡贸易。港城宁波在明代的海禁中扮演了十分特殊的角色，合法的朝贡贸易和以双屿港为代表的走私贸易，推动"海上丝绸之路"继续发展。朝贡贸易是一种中国政府与海外诸国官方的进贡和回赐关系，外国商船载贡品及各自方物土产来华，明朝廷收贡品、购方物后，以"国赐"形式回酬外商所需中国物品。各国贡期或3年，或5年，而对日本则规定10年一贡。贡舶必须持有明朝廷事先所颁"勘合"（执照签证），所以也叫勘合贸易。由于从事海上贸易获利甚巨，仅允许勘合贸易的做法刺激了民间走私和海盗活动，甚至成了"倭患"加剧的部分原因。在朝廷内外越来越大的反对压力下，明

中期取消海禁,此后私人海外贸易一度成为主流。

明代,倭寇袭扰中国东南沿海。倭寇侵入宁波各县后,无恶不作,给宁波人民带来了深重的灾难。"封侯非我意,但愿海波平。"这是明代著名抗倭将领戚继光青年时代写的诗句。戚继光(1528~1587年)生于山东登州卫一个世袭军官之家,年仅17岁就开始了军旅生涯。嘉靖三十四年(1555年),戚继光被调浙江抗倭,次年任参将,防守宁波、绍兴、台州一带。戚继光在浙江先后取得一系列战役的胜利,沉重打击了倭寇的气焰,扭转了战局。他还在义乌招募农民和矿工组成新军,成为打击倭寇的有生力量,被世人称作"戚家军"。此后戚继光转战闽粤沿海各地,终于解除东南沿海倭患,宁波才暂时"海定波宁"了。

在明代,外国人描绘了有关宁波的地图,成为我们研究宁波城市的重要史料。一是日本僧人雪舟,于明成化三年(1467年)春,随日遣明船于宁波登岸,留住天童寺,深受寺僧尊重,升为"天童寺禅班第一座"。他游历学习中国画技法,回国后,开创了具有日本特色的水墨画,被誉为日本"画圣"。雪舟于明代成化年间创作了《唐山胜景图》,画中真实再现了500多年前宁波古城繁荣的风貌,是研究宁波历史弥足珍贵的资料,现藏于美国波士顿美术馆。另外是1563年葡萄牙人 Fernao Vaz Dourado

羽人竞渡——宁波发展史话

绘制的《古代东亚航海图》，原件现藏意大利的佛罗伦萨。在这幅地图上，在浙江沿海地区，作者显然还不知道"浙江省"这个名字，而只知道"宁波"，所以，他在浙江一带用大写字母标上"LIAMPO"，也就是宁波。

明兵部右侍郎范钦回家乡宁波归隐，因酷爱典籍，在宁波月湖边建起了藏书楼"天一阁"。如今天一阁已成为中国现存最古老的藏书楼，也是世界现存三座最早家族藏书楼之一。天一阁收藏大量明代刊稿、抄本、刻本，其中明地方志、科举录多为海内孤本。现藏古籍30余万卷，有"南国书城"之称。

明代建成的宁波府城隍庙，是我国现存规模最大的城隍庙之一。明洪武四年（1371年），明太祖朱元璋下旨，敕造宁波府城隍庙，建成后屡遭火灾，现存的庙殿是清光绪十年（1884年）重建的。整个建筑由门前照壁拱墙、大门明堂、仪门戏台、前殿、后殿五部分组成，布局完整，气势宏伟。戏台是单檐歇山顶，藻井呈鸡笼形，雕龙画凤，朱金装饰，熠熠生辉。郡庙内保存着30余块碑刻及宋井等古迹。城隍庙区域现在已成为宁波最大的美食、休闲、购物中心。

八、开埠通商第一外滩

明清易代之际，宁波的知识分子面对国亡种沦，以"匹夫天下"为己任，开展了轰轰烈烈的抗清斗争。张苍水与钱肃乐等起兵抗清，其悲壮、惨烈为历史罕见。这一时期，是浙东学术文化的鼎盛时期，以黄宗羲为代表的研经兼史的浙东学术，主张"经世、务实、救偏、兼容、求真"，从而形成区域性学术体系，达到了当时理论发展的最高水准，对日本、朝鲜等国也有巨大影响。

开放海禁后，区位和港口的优势，使宁波承担了中国东南都会的作用。这一时期，宁波老城最后定型，江南水乡与港口城市

完美结合,农业文明与商贸文明相互交融。马头墙上竹影婆娑,石板街里绿树掩映,河道间橹桨吱呀,街市上人声喧嚷,闹市里红尘滚滚,庙宇内青灯古佛……

清代在明制基础上,恢复行省称谓,长官为总督、巡抚。总督可以管辖两省至三省,巡抚为一省的最高军政长官。在省和府(州、厅)之间增设台道,带兵备衔,管辖府州,名义上算是省的派出行政机构。浙江省设宁绍台道,治在绍兴,宁波府为其所辖。随着宁波经济的飞速发展,清顺治十五年(1658年),宁绍台道迁治宁波。康熙二十六年(1687年),清政府认为"舟山"称谓有舟动而不静之嫌,改其名为"定海山",在昌国县旧境重设"定海县",原"定海县"让名改为"镇海县",这一让就是几百年,至今仍如此。1841年,鸦片战争爆发,舟山战略地位越发重要,清廷升"定海县"为定海直隶厅,属宁绍台道。宁波府辖县由此减为五个。

鸦片战争时期,西方的坚船利炮轰开了中国的国门,宁波又开始"海不定、波不宁"了。异质文明间的对话以血与火的方式进行,宁波人民勇敢、智慧地抵抗入侵者,描绘了中国近代史上浓墨重彩的一章。被迫开埠通商,宁波这座城市经历了抗击与挫败、开放与融合的过程,在西风东渐中风气先开,成为中国早

图㉔ 20世纪初的宁波外滩

图㉕ 绘于1800年左右的《宁郡地舆图》

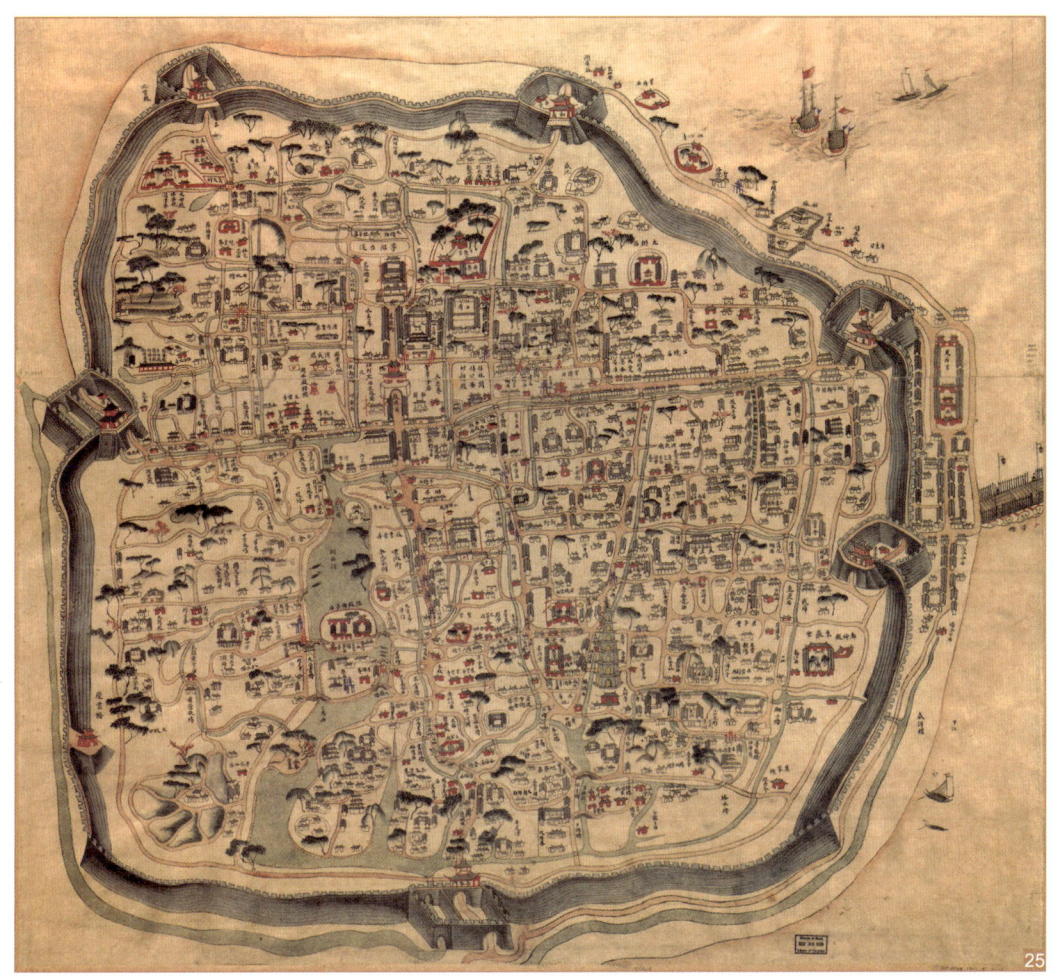

期近代化的城市之一。

在第一次鸦片战争中,英军曾经两次侵占定海。1840年7月初,英军第一次进攻定海,守军全无准备,定海县城陷落。当地人民不断袭击敌人,英军坐困城中,缺乏粮食和饮水,又加上疾疫流行,在登陆定海的3000名英军中,很快就有400人死亡,病倒的有1500人。1841年2月,英军撤出定海。清政府任命葛云飞为定海总兵,又调寿春镇(今安徽省寿县)总兵王锡朋、处州镇(今浙江丽水市)总兵郑国鸿协力防守定海。同年9月下旬,英军再次进攻定海,守军4000人英勇还击,城中军粮匮乏,士兵每人每天只有不到半斤口粮,但仍然浴血奋战五昼夜,给敌人以重大杀伤。最后,葛云飞、王锡朋、郑国鸿均壮烈牺牲,定海第二次陷落。定海保卫战是鸦片战争期间少有的激战之一。

1841年10月10日,英军在占领定海后,攻击镇海,总兵谢朝恩率千余人扼守隔江的金鸡山,力战御敌,全体官兵与英军1500名来复枪手展开血战,直至全体壮烈牺牲。两江总督裕谦率兵4000人守城,誓言"城存与存,城亡与亡",直至镇海陷落,遂投孔庙泮池殉职。裕谦是鸦片战争时期,清朝封疆大吏中唯一亲临战场以身殉国者。与此同时,率军隔江扼守招宝山的浙江提督余步云却临战怯阵,溃逃宁波,镇海随即失守。两年后,余步云因贪生怕死,临阵脱逃,在北京被斩首。

英军侵占定海、镇海、宁波等地并四出抢掠的罪恶行径,激起了浙东人民和爱国人士的强烈反抗。宁波、镇海等处人民自动组织各种民间武装,神出鬼没地打击侵略者,使侵略者感到十分恐惧。宁波城的"黑水党"、镇海王师真抗英队和定海乡勇,都是这一时期著名的反侵略的武装组织。

1842年,清政府和英国政府签署了《南京条约》,其中一个重要内容便是"五口通商",开放广州、厦门、福州、宁波、上海为通商口岸。宁波是"五口通商"中最早的对外开埠区,1843年12月19日,英国驻宁波领事率兵舰驶进了宁波港,这是一个历史性的转折点。英国人在三江口的北岸租赁民房,设立领事署,法、美、德、荷兰、瑞士、挪威等国亦随之设领事、副领事,日本派驻使者。同时,中外商家争相在岸边兴建店铺门面,于是这个地方也被人们称为外滩。宁波外滩是中国历史上第一个外滩,比上海外滩还早20年。开埠后,宁波江北岸外滩变成了五方杂处的洋场,不仅有领事馆、教堂、巡捕房,而且遍设洋行、码头,还有夜总会、饭庄、戏院、商号、船埠、工厂和弹子房等,以哥特式风格、巴洛克风格和殖民地建筑风格为特色的西式建筑,呈现出一派洋味十足的城市景观。而与之相对的江厦街,宁波最早的近

图㉖ 江北天主教堂

代商业、航运业、工业、金融业都是在这里或其附近出现,时有"走遍天下,不如宁波江厦"的俗语。

开埠后,基督教的传入,对宁波产生深远的影响。建于1872年的江北天主教堂,建筑采用单钟塔形式,平面呈十字形,高大的梁柱和尖拱形结构,具有明显的欧洲哥特式建筑风格,被誉为浙江省教堂之魁,现为全国重点文物保护单位。传教士带来了西医院、近代学校,宁波成为接受西方近代文明的前沿,城市有了一定的规划,公共照明、自来水、新建马路、戏院、报社等蓬勃发展。宁波从传统的中国古典城市开始逐渐走向近代化。

咸丰四年(1854年)冬,苦于海盗侵害的宁波北号商团为保卫南北洋海运之安全,集资7万银元,购买引进了英国制造的轮船"宝顺轮"。宝顺轮虽是一艘货船,但甲板上配备有大炮、火枪等武器装备,战斗力要远远超过海盗船。宝顺轮投入运行后,对海盗船进行清扫,有力保障了海上航线的畅通。宝顺轮不仅

是宁波使用蒸汽轮船的开始，它也是我国近代自办的第一艘火力轮船，成为创办近代洋务的先声，宁波港开始由帆船港时代进入到轮船港时代。

随着宁波港轮船进出口的日增，千余年来仅适应木帆船停泊的江厦古海运码头，对轮船就不适应了。1874年，招商局在江北岸建造了栈桥式3000吨级趸船码头，从而完成了从江厦帆船码头到江北轮船码头的转变。伴随着新港的兴起，宁波城市规模再次扩大，形成以三江口为中心，江东、江北、古城区三区依江拓展的新格局。

1885年3月1日，法军远东舰队司令孤拔率舰队进犯镇海，镇海炮台守军奋起抗敌，成功击退法军，使法舰不敢泊于近海，直到6月29日中法战争结束为止。这是中国近代海防史上唯一一次中方取得全面胜利的战争。

宁波在清代涌现了许多独具城市品牌影响的事物，包括"浙海关"、"宁波沙船"、"庆安会馆"、"宁波钱庄"、"宁波帮"等，充分体现了宁波城市开埠通商、开放务实的经济、社会特色。

浙海关创设于清康熙二十四年（1685年），是当时粤、闽、浙、江四大海关之一，也是我国最早初具现代海关职能的机构。在"五口通商"后，宁波于1861年设立了税务司制的浙海关，变

图㉗ 浙海关旧影
图㉘ 庆安会馆

为半殖民地半封建性质的海关,直至1949年解放。现存浙海关建筑系当时署理中国海关总务司兼任浙海关税务司的英国人费士来负责建造的,至今仍存留于江北岸老外滩,其建筑用材为中国式的青砖,却配以西洋式的廊柱、门套和窗套。小小的一栋建筑,是当年中西文化糅合的缩影,也是西方列强侵略中国的铁证,现为省级文物保护单位。

沙船是宁波地区自古以来一直使用的木帆船造型,宋代称之为"防沙平底船",平底,不怕搁浅。使用这种沙船由外海进入内河不必更换船只,因此被普遍使用。宁波沙船业常以长江为界,北上至朝鲜、日本的称"北号"或"北帮";南下至福州、广州及南洋、西洋的称"南号"或"南帮"。当时宁波南北号盛极一时。

道光三年(1823年),南号舶商在码头林立的宁波三江口东岸建造会馆,取名"安澜"。道光三十年(1850年),北号舶商在安澜会馆一侧兴建北号会馆,名"庆安",又称"甬东天后宫",是舶商、船工祭祀天后妈祖的殿堂和行业办公、聚会的场所。庆安会馆是我国现存的宫馆合一的实例,为中国八大天后宫之一,七大会馆之最。它的朱金木雕、砖雕、石雕工艺,体现了清代浙东地区"三雕"工艺的最高水平,被列为全国重点文物保护单位。

繁荣的商品经济促进了金融业的发展。清代宁波的金融业,

图㉙ 钱业会馆

以钱庄和"过账码头"著名,是中国首创钱业"过账制"的城市。宁波钱庄业始于清代初期,至道光年间首创"过账制",即各行各业的资金收支,从使用现金改为借助钱庄进行汇转,实行统一清算。这意味着现代金融业的票据交换办法在我国开始。清同治三年(1864年),宁波钱业形成同业组织"钱业会商处",在江厦街一带滨江庙设立公所,进行同业交易和协调。民国12年(1923年)兴建新会馆,即现存的钱业会馆,被列为第六批全国重点文物保护单位。

18世纪,随着中国的资本主义萌芽和宁波口岸的开放,历史给予了宁波商人更加广阔的舞台。清中叶,宁波商帮开始跨越杭州湾进入上海。上海开埠后,宁波工商业者借助上海正在形成远东金融中心、航运中心和商业物流中心的契机,以乡党情谊为纽带相互支持,形成名重一时的"宁波帮",迅速在上海脱颖而出,并由上海扩张到全国各大商埠及海外。

民国元年(1912年),废宁波府,设会稽道驻于鄞县,会稽道尹统辖清朝时宁、绍、台三府所属各县。中华民国临时大总统孙中山于1916年8月22日从绍兴抵达宁波,24日,他应原浙江省立第四中学(即今宁波中学)校长励建侯之邀,出席在该校举行的宁波各界欢迎会,向各界人士发表演讲。演讲中,孙中山先生对宁波的发展作了颇有远见的"三个愿望"："第一在振兴实业"；"二在讲究水利"；"三在整顿市政"。中山先生最后说："今日之所希望于宁波者，以宁波既有此土地，有此资力，苟能积极经营，奋发自强，宁波不难成为吾国之第二上海。是在诸君之努力耳。"

民国 16 年（1927 年）废会稽道，成立宁波市政府，划鄞县城厢及郊区六七里地为市区。民国 21 年（1932 年）10 月 1 日，设浙江省第五特区行政督察专员公署，统辖鄞县、慈谿、镇海、奉化、象山、南田、定海、上虞、余姚、嵊县、新昌、宁海等十二个县。抗日战争初期成立浙江省第六行政专员公署，辖鄞县、慈谿、镇海、奉化、象山、定海、南田、宁海八个县。

宁波作为国民政府最高领导人蒋介石的故乡，在民国时期风云变幻，政治、经济风云人物众多，至今保存了 180 多幢中西结合的民国建筑，这些民国建筑向人们讲述民国名人往事，展示民国文化风情，形成了有别于其他城市的民国烙印。

民国代表建筑主要有：1927 年建的宁波邮政局，为仿古罗马式结构建筑；1928 年建的中山厅，饰有巴洛克式建筑图案；1930 年建的中国通商银行宁波分行，是一座早期钢筋混凝土结构建筑；1930 年左右建的宏昌源号老店铺，其正立面上有用磨石子制的店名招牌；1935 年建的仁济医院手术室，为早期的钢筋砼建筑，手术室屋面中间有采光面积较大的人字坡玻璃顶，非常有特色；全国重点文物保护单位慈溪龙山虞氏旧宅建筑群，是近代中国民营资本家、宁波帮代表人物虞洽卿赴上海经商发迹后在家乡营造的私宅，整个建筑融中国传统建筑和西方建筑艺术于一体，规模宏大，代表了当时建筑工艺所能达到的较高水平；位于奉化市溪口的全国重点文物保护单位蒋氏故居，是蒋介石的出生地，包括丰镐房、玉泰盐铺，以及蒋经国 1937 年自苏联归国后与妻子蒋方良的居住地小洋房、张学良将军曾经的软

禁地文昌阁和中国旅行社旧址、蒋介石亲自创办的武岭中学、蒋介石母亲王采玉之墓和蒋介石下野时居住的妙高台等建筑。该建筑群中西合璧,结构独特,为近现代重要史迹及富有江南府第特色的代表性建筑。小洋房一楼里有一块"以血洗血"的石碑,讲述了日本侵略者欠下的一笔血债:1939年12月12日,日本侵略者的飞机轰炸溪口,蒋经国母亲毛福梅在丰镐房后门口不幸被炸塌的后墙压死,蒋经国闻讯后急忙从江西赶来奔丧,悲愤中挥泪写下了"以血洗血"四个大字,表达誓报杀母之仇的决心。

1941年4月19日,日寇侵占宁波,成立伪"鄞县乡镇联合会"。不久,成立伪"宁波专员公署",辖鄞县、慈谿、镇海、奉化、象山、定海六个县,伪"鄞县乡镇联合会"更名为伪"鄞县县政府"。1945年8月,日寇投降,国民党政府浙江省第六行政专员公署迁驻鄞县,统辖鄞县、慈谿、镇海、奉化、宁海、象山、定海七个县。

九、迈向现代化国际港城

历经旧中国种种血与火的磨难,宁波终于迎来了黎明的曙光。宁波解放前夕,周恩来曾给进军江南的九兵团领导发了一

图30 蒋氏故居小洋房

份专电,要求保护好天一阁藏书楼。1949年5月6日,蒋介石的老家浙江奉化县溪口镇解放前夕,毛泽东专门从北平给人民解放军前线指挥机关发来电报:"在占领奉化时,要告诫部队,不要破坏蒋介石住宅、祠堂,及其他建筑物。"1949年5月25日,宁波解放,设立宁波市,为省直属市,原浙江省第六行政专署改称为浙江省第二专区,同年11月又改名为宁波专区。

新中国成立后,宁波恰似勇敢的弄潮儿,及时抓住改革开放、我国加入世界贸易组织的历史机遇,坚定迈向建设现代化国际港城目标。

1973年2月,周恩来总理发出"三年改变我国港口面貌"的号召,7月国务院港口建设领导小组组长粟裕便率队到宁波考察海港选址。宁波从此迎来持续30余年的建港大潮。1974年1月,原国家计划委员会批准建设镇海港区。

1978年到1992年是中国改革开放的启动时期。党的十一届三中全会以后,中央作出把全党、全国工作重点转移到现代化建设上来的重大决策,确立了改革开放这一基本国策。宁波也就是在这一时期成为我国改革开放的排头兵,初步奠定宁波现代化国际港口城市建设基础。1978年1月,北仑港区建设小组正式成立。1978年12月,宁波第一座万吨级码头——镇海港区万吨级煤炭专用码头竣工。同月,国务院批准成立宁波港务管理局,统一建设、管理宁波、镇海、北仑三个港区。1979年1月,北仑港区被确立为国家重点开发的国际深水中转港。6月,北仑港区获准对外开放。为充分发挥港口优势,加快推进宁波经济社会发展,宁波开工建设了浙江炼油厂、镇海发电厂、北仑发电厂、杭甬高速公路、栎社机场等一大批重大基础设施。镇海、北仑港区的大开发大建设,不仅使古老的宁波港走出甬江,完成由内河港到河口港再到海港的两次历史性跨越,而且为提升宁波在国家发展中的战略地位和建设现代化国际港口城市奠定了基础。1980年,中共宁波市第五次代表大会将建设社会主义现代化港口城市确立为今后的奋斗目标。

1983年撤销专署,实行市管县体制。1984年5月,宁波被确立为我国进一步对外开放的沿海城市;同年宁波获准设立经济技术开发区。1984年11月,邓小平在北戴河作出重要指示:"把全世界的宁波帮都动员起来建设宁波!"邓小平又强调,宁波的优势主要有两个:一是宁波帮,另一个则是宁波的码头,而这两者是相辅相成的。1985年11月,国务院专门为还是地级城市的宁波成立了宁波经济开发协调小组,这在新中国的历史上是绝无仅有的。1986年,宁波被列为全国历史文化名城。1987年,国务院决定对宁波市实行计划单列,赋予相当于省一级的经济管理权限,成为五个计划单列市之一。1988年3月,国务院批准宁波为有制订地方性法规权限的市,属于十四个沿海开放城市之一,宁波城市地位快速上升,促进了宁波的繁荣与发展。1988年,宁波市还获得自营进出口经营权,当年宁波自营进出口便前所未有地突破1亿美元,外贸实现由单纯货源收购向以自营进出口为主的综合经营转变。

1992年,以邓小平视察南方谈话发表和党的十四大确立市场经济体制改革目标为标志,我国改革开放进入全方位纵深发展时期。1992年,国务院召开长江三角洲城市规划调整会议,首次提出宁波现代化国际港口城市的目标构想,宁波基本确立长江三角洲南翼经济中心地位,区域中心城市的地位明显提升。1994年,宁波市被确定为中国15个副省级城市之一。

中国于2001年12月11日正式成为世贸组织成员,随着我国加入世界贸易组织(WTO)、全面建设小康社会的实施和科学发展观的贯彻落实,我国改革开放步入制度性开放和深层次改革的新时期。与此同时,宁波开始步入大转变、大转型时期,宁波现代化国际港口城市建设迎来工业化、城市化快速推进,现代化、国际化全面提升的科学发展阶段。

宁波港口发展实现新跨越,跻身世界级大港。宁波港货物吞吐量从2001年的1.28亿吨增加到2008年的3.6亿吨,占据全国第二位;集装箱吞吐量年平均增幅持续保持在15%以上,从2001年的121.3万标准箱增加到2008年的1084.6万标准箱,跃升为中国内地港口第四位,跻身全球第八位。宁波出口加工区、宁波保税区南区、宁波保税物流园区、浙江慈溪出口加工区、宁波国家高新技术产业园区、宁波梅山岛保税港区等相继获准设立和启用,宁波拥有了中国所有类型的特殊经济区,成为中国开放度最高的区域之一。2007年,宁波正式获得自办领事认证工作权,成为全国副省级城市中享有此权的三座城市之一。到2008年,全市对外贸易经营备案登记企业达10758家,直接与211个国家和地区开展国际贸易,全市自营进出口总额从2001年的88.9亿美元增长到678.4亿美元。

同时,宁波"以港兴市,以市促港",都市化形象日益凸显。2002年,中共宁波市委实施《宁波建设现代化国际港口城市研究》重大调研课题,当年鄞县撤县设区后,鄞州新城区、东部新城等重点城市功能区块建设相继启动,中心城区建成区面积由2001年的134.7平方公里扩展到224平方公里,城市化率从45%提高到63%。宁波港的跨越发展将宁波变为长三角区域国际化的重要国际"门户"。城市发展逐步跳出"三江口",面向"大港口",形成了以中心城区为龙头、南北组团为两翼、城镇集群推进的大都市发展新格局,奠定了现代化国际港口城市格局。

2008年5月1日,我国自行设计、建造和管理的世界最长跨海大桥——杭州湾跨海大桥全线通车。杭州湾跨海大桥北起嘉兴市海盐郑家埭,跨越杭州湾海域,止于宁波市慈溪水路湾,全长36公里。杭州湾跨海大桥的建成,极大提高了宁波市在长江三角洲城市群中的地位,使城市空间结构出现质的跨

越，城市中心东移。杭州湾跨海大桥像一道彩虹，气势宏伟，象征古越的后代——今天的宁波人，征服海洋的气概如虹！

宁波港历经五次大变迁，从4500年前句章港的出现，到第二次迁往三江口江厦码头，第三次延伸到江北岸的轮船码头，再由江北岸向外迁至镇海港区，最后发展到现在的北仑港区，宁波港城逐渐靠近海洋，折射出宁波人坚韧务实的发展精神。如今，宁波市辖海曙、江东、江北、镇海、北仑、鄞州六个区，慈溪、余姚、奉化三个县级市，宁海、象山两个县。宁波市总面积9816平方公里，全市共有78个镇、11个乡、63个街道办事处、548个居民委员会和2558个村民委员会。根据2010年第六次全国人口普查主要数据公报，全市常住人口为760.57万，外地人口为475.21万。

2011年，浙江海洋经济发展上升为国家战略，身处浙江海洋经济核心区的宁波又被推到了时代的最前沿。作为国家大型港口的宁波港，设备先进，运力充足，成为浙江省乃至华东地区海运远洋贸易的集散地和物流中心。2011年，宁波港拥有330

图㉛ 杭州湾跨海大桥
图㉜ 现代化国际港城宁波

座生产性泊位，其中万吨级以上大型深水泊位 80 多座，是中国大陆大型和特大型深水泊位最多的港口。当年宁波海洋经济生产总值达到 959 亿元，形成了以临港工业、港口物流为主导，滨海旅游、海洋化工等海洋高技术产业为引领，海洋捕捞、近海养殖为基础的现代海洋产业体系。2012 年，宁波港口完成货物吞吐量 4.53 亿吨，居中国内地港口第三位、世界前五位。实现 GDP 达 6524.7 亿元，完成地方财政收入 725.5 亿元。

经过改革开放 30 多年的快速发展，宁波在港口开发、城市建设、外向型经济发展等方方面面取得显著成就。宁波在"十二五"规划中又提出了"基本建成现代化国际港口城市"的奋斗目标，推进城市现代化、港口国际化、产业高端化，形成有利于港口、产业、城市联动发展的大格局。到 2016 年，中心城区建成区面积达到 300 平方公里以上，城市化率突破 70%。

历史变迁，往事如烟；今日宁波，迈向明天。在从地域走向世界，从历史走向未来的伟大航程中，宁波永远是一艘乘风破浪、航行在新的"海上丝绸之路"上的东方"神舟"。如今，传承了"羽人竞渡"勇于探索、不断奋进精神的现代宁波人,开放务实,海纳百川,还在生生不息地竞渡……

名◇城◇趣◇话

宁波作为一座历史文化名城，其城市文化内涵是什么？历史上宁波城市名称是如何演变的？

如果把城市比作一个生命体，那么，宁波城市的血液是怎么循环的呢？宁波河运与海航的气脉是怎么连通的呢？

让我们穿越古老城门、逛逛历代街市，神游老宁波；让我们追忆地名故事、品味人文风骨，发现老宁波；让我们说说儒商精神，数数文物珍宝和传统文化，感悟老宁波。

[二] 从「羽人竞渡」说名城内涵

羽人竞渡——宁波发展史话

宁波是一部有着7000年历史的厚重古书,要打开并读懂这部古书的内涵,我们必须找到一把"钥匙",这把"钥匙"要能体现宁波的文化特征和城市精神。去哪里能寻找到这样的"钥匙"呢?

当然,要读懂一座城市的内涵,最好是先去这座城市的博物馆。

走进宁波博物馆,在众多文物中,有一件春秋时期的"羽人竞渡纹铜钺",可以说是宁波城市内涵的标志,也是开启宁波历史文化大门的"钥匙"。

"羽人竞渡纹铜钺"于1975年在宁波鄞县云龙镇甲村石秃山一座春秋墓中出土。金黄色,高9.8厘米,刃宽12.1厘米,锋利如新。器身一面光洁没有纹饰,另一面沿器身四周铸刻了一个"凸"字形边框,上方刻了两条竖立的龙,双龙昂首相对,前肢弯曲,尾向内卷;下方以弧形边框线表示舟船,舟上坐着的四个人排成一排,四个人都戴着高高的羽毛头冠,双手持桨奋力划船,头冠上的羽毛迎风飘扬,让人想象到船速飞快。正因为这件铜钺上有四个头戴羽毛人奋力划船的纹饰,所以宁波文物工作者把它取名为"羽人竞渡纹铜钺"。羽人竞渡纹饰的文物目前在全国也仅见此一件,非常珍贵和罕见,2012年2月中央电视台

图① 春秋时期羽人竞渡纹铜钺

图② 王字的甲骨文

②

《国宝档案》栏目对"羽人竞渡纹铜钺"进行了报道和文化解读。

钺是由新石器时期的带柄穿孔石斧加大刃部演变而来,加大刃部后更便于砍伐。作为中国古代兵器,其形制似斧,以砍劈为主。两者区别在于斧刃较钺为窄,钺刃较宽大,呈弧形,似新月。《说文解字》曰:"大者称钺,小者称斧。"最初玉石材质的钺写作"戉",后来金属材质的才写作"钺"。从距今4000多年的杭州良渚文化遗址出土的玉钺来看,"钺"很早就演变为一种礼器,是统帅武力、握有生杀予夺大权的象征,它往往作为军事的令牌、王者的权杖来使用。这件"羽人竞渡纹铜钺",体积太小,不像作战实用武器,也没有实用痕迹,应该是代表王权、王法的器物。在中国最早的文字甲骨文中,"王"字的写法,底下一横像"戉"的刃部向上弯,实际上就是"戉"的正面图形,说明所谓"王"者,就是握有主刑杀之钺大权的人。那么,我们可以想见,这件在宁波鄞州区出土的"羽人竞渡纹铜钺"表明,春秋时期宁波地区有代表王权、王法的统治者。

宁波在古代属于"越国"、"越州",其地生产的青瓷叫"越窑青瓷"。"越"是我国一个古老的民族,最早称为"于越"。《史记·夏本纪》写到大禹"东巡狩,至于会稽而崩",说他到东方视察,到会稽这个地方逝世了并安葬于此。会稽就是今天的绍兴,传说因为大禹在这里会集诸侯统计治水功劳，进行表彰，就把这里叫做会稽，"会稽者，会计也"。《越绝书》等史书称，大禹的第五代孙夏王少康分封他的庶子无余管理于越之地，祀奉大禹的墓。"于越"由此开始成为越族的最早称呼。战国时的古籍《竹书纪年》卷下记载："周成王二十四年，于越来宾。"说明于越族早在西周时期就与中原华夏族发生联系。唐代《艺文类聚》卷七一引《周书》说："周成王时，于越献舟。"这说明，于越的特产是船，早在距今3000多年前，于越人就将船作为贡品献给中原的周王室。春秋晚期至战国前期，越族曾在今江浙一带建立强大的越国，该国传至勾践（公元前496年～公元前464年在位）的时候，他灭亡吞并吴国，试着向北扩张，曾经沿着江苏的海岸北上胶州湾，势力范围一度北达江苏，南入闽台，东濒东海，西达皖南、赣东，雄踞东南。勾践与当时中原国家会盟，号称"霸主"。

　　需要特别指出的是，越国的"越"，古字也写作"戉"。春秋时的文物"戉王钟"、"戉王矛"、"戉王戈"等，均未写作"越"，而是写作"戉"。近年湖北江陵出土的越王剑，应该是春秋战国时，楚国打败越国后，将越王剑作为战利品带去楚国的。越王剑体后部有错金工艺鸟篆（春秋中后期至战国时代盛行于吴国、越国、楚国等南方诸国的一种鸟形篆书文字）铭文："戉王州句自作用剑"，意为越国国王州句自己制作、使用的剑。"越王"也是写为"戉王"。

　　许多专家学者考证，越国名称的来源，与"钺"这种器物有关。20世纪30年代，学者卫聚贤在《吴越释名》一文中指出："越即钺字，为斧钺之钺。"学者邢公畹在《汉藏语系研究和中国考古学》中也说："卜辞（商代甲骨文字）'戉'用作方国名，金文（青铜器文字）吴越的'越'只写作'戉'，可知越人称'越'，就因为他们创造了'钺'。春秋战国间越人曾建立强大的越国。"学者黄伟城在《古越地望刍议》中说："'戉'方国是以兵器戉为氏族徽号而用作国号之称的方国,实为夏部落中擅长制造'戉'这种兵器的一支。氏族部落时代,族徽图腾除了用太阳及动物、植物之外,尚不乏以其所擅长的手工工艺而命氏命族之例证,即所谓'以工命姓'者……戉本是石斧的一种,到了青铜时代和铁器时代则以金属制造而写作'钺'。"因此,根据"越"等于"钺"的文化渊源,我们可以认知,越族、越国名称的来源,是由最初作为生产、战争工具的"戉",发展到作为礼器、氏族徽号的"钺",再发展到作为民族名称、国号名称的"越"。

那么,宁波历史上是属于越族的吗?

我们考证春秋时越国的区域,可以得到肯定的答案。春秋时期的史书《国语·越语》上记述越国的范围:"南至于勾无(今浙江诸暨县南与义乌交界区),北至于御儿(今浙江省桐乡市西南崇福镇一带,现有女儿乡旧址),东至于鄞(今宁波),西至于姑蔑(今浙江省衢州、东阳与龙游等地)。"可见,宁波先民属越人。

"越"作为一个民族,自古有什么鲜明的性格特点呢?

《越绝书》记载越王勾践曾经向孔子评价越人的特点:"夫越性脆而愚,水行而山处,以船为车,以楫为马,往若飘风,去则难从,锐兵任死,越之常性也。"意思是说:越民族的人性格刚硬而孤僻,在水上航行,在山上居住,把船当作车,把桨当作马,出发时像乘风一样飞快飘去,要回去就难借风了,他们身佩锋利的兵器,勇敢不怕死,这是越人通常的性格。而这,也说明了宁波先民的生活和个性。宋代大儒鄞县人王应麟在《四明七观》中概括甬上民性时则说:"其民复存大禹卓苦勤劳之风,同勾践坚确慷慨之志,力作治生,绰然足以自理。"王应麟认为宁波人具有大禹治水那种能吃大苦、耐大劳的精神,以及越王勾践那种坚定信心、斗志激昂的志向,努力劳作生产,经济宽裕而足够自己解决生活问题。

每个民族都有民族共同的信仰,那么,越民族一贯崇拜、信

图③ 羽人竞渡纹图

图④ 河姆渡遗址出土的「鹰形陶豆」

羽人竞渡——宁波发展史话

仰什么呢？

羽人竞渡纹铜钺上的"羽人"，反映了百越民族的"鸟图腾"崇拜。7000年前的河姆渡人是越族最早的祖先，河姆渡文化遗址出土的"陶鸟形盉"、"鸟形象牙匕"、"双鸟异日"象牙雕刻蝶形器、"鹰形陶豆"，均反映了越族一直尊崇鸟图腾。越人因崇鸟、尊鸟而仿鸟。《史记·越王勾践世家》中，勾践被描述成"长颈鸟喙"的模样；东汉赵晔撰的《吴越春秋》讲述继承越王事业者，作"鸟禽呼"；许多越王刀剑，都刻有"鸟篆文"。而那些头插羽毛、身披羽毛的仿鸟人，则被称为"羽人"。关于羽人、羽人国的记载和传说，《山海经》是古籍中最早提到"羽人"的著作，如其中的《大荒南经》记载："有羽人之国，其人皆生羽。"《海外南经》记载："海外有西南陬至东南陬者……羽民国在东南，其人为长头，身生羽。"

羽人竞渡纹铜钺，在"羽人"上方有两条龙，这让人想起今天的民俗"赛龙舟"。越人地处水乡泽国，出行多驾舟，以舟代车。《吕氏春秋·贵因篇》说："如秦者，立而至，有车也。如越者，坐而至，有舟也。"有学者指出现今的龙舟演变自古越的独木舟，因为古越的独木舟是以蛟龙为图腾的。南朝时的《述异记》中叙述："吴王夫差作天池，池中有龙舟，日与西施戏水。"说明龙

舟在春秋时已出现于吴越之地。专家认为吴和越是一族两国，古籍文献也多次提到吴、越习俗相同。《吴越春秋》说："吴与越，同音共律，上合星宿，下共一理。"《吕氏春秋·知化篇》则说："吴之与越也，接土邻境壤，交通属，习俗同，语言通。"

综合来讲，这件羽人竞渡纹铜钺，集中反映了宁波地域文化的内涵：宁波先民属于"越"民族，宁波在春秋时已经有代表"王权"的统治者，宁波人自古勤劳勇敢、崇拜鸟，地处水乡泽国的古代宁波人善于造舟、驾舟。

羽人竞渡纹铜钺表现了宁波先民龙腾虎跃、劈波飞渡的奋发进取精神，羽人竞渡纹如今是宁波文化遗产保护的标志，它也应该是港城宁波海上丝绸之路文化的最佳标志。

宁波作为国家历史文化名城，她像一条船，经历了从渡口（河姆渡）—溪口（小溪镇）—江口（姚江、奉化江、甬江三江口）—海口（东海）的城市发展史。从河姆渡的独木舟到宋时出使高丽的万斛神舟，再到现代宁波帮的万吨巨轮，宁波人正像"羽人"一样，在生生不息地"竞渡"，向世人昭示着一种开放的胸襟和探索奋进的勇气。

【三】

从地名话名城故事

宁波为何简称"甬"？谚语"走遍天下，不如宁波江厦"有什么来头？宁波的"战船街"、"孝闻街"、"天一街"、"府桥街"等地名有着怎样的地域文化故事？

名城故事多，若是你到名城来，收获特别多。

宁波城市名称的演变

在今天的宁波城市形成之前，宁波城市发展以及它的辖区的变迁，是随朝代更替和行政建置演变而变化的。我们考证宁波市的历代名称，所涉的范围，应包括现在的宁波市和古代的宁波地区。

从古到今，历史上宁波的名称有：甬、句章、鄞、鄮、明州、庆元、宁波等，反映了宁波古代的建置沿革和治所转移。

旧地方志书上，宁波地区最早的建置自夏代算起。明代《广舆记》讲到宁波是"禹贡扬州之域，三代皆为越地，曰：甬东"。其意是说早在大禹治水将全国划定为九州时，宁波属于扬州的区域，而在夏商周三代都属于越国属地，地名叫"甬东"。

据《吴越春秋》记载，勾践被吴国打败，在吴国当了三年臣仆被放回会稽（今绍兴）后，吴王夫差增封其领地东到"句甬"，指的是宁波地区一带。后来，史书提到越王勾践灭吴后，准备流放吴王夫差去甬地降为百家之长，夫差不肯受辱被迫自杀的故事，《左传》写道："请使吴王居甬东。"《国语·越语》写道："请达王甬句东。"

以上文献中的句甬、甬东、甬句东，关键词都是一个"甬"字，至今宁波仍然简称"甬"。

"甬"是一个象形字，金文（铸刻在古代青铜器上的铭文，也叫钟鼎文）写作"甬"，像西周中期出现的一种带柄的青铜钟，叫甬钟。那么，宁波为什么称为"甬"呢？

对宁波自古称为"甬"的来历，三国时期的韦昭在《国语·吴语》中注释："甬，甬江。"就是说，"甬"这个地名源于甬江。

而甬江之名又源于甬山。据清代光绪《奉化县志》记载：县北二十里有甬山，俗称江口，其地在鄞、奉交界的境上。此山峰峦颇似覆置的大钟，象形似"甬"字，故名甬山。因此，流经甬山的江，就叫甬江，而凡是甬江流经的区域，就称为"甬地"。值得注意的是，古时所指的甬江，是从剡江、鄞江和奉化方桥方向流来的东江汇合处开始，一直到镇海口出海为止，而不是指今天的甬江。现今已将从甬山流至宁波市区新江桥的长达121公里的江段称为奉化江，而把奉化江和余姚江汇合于宁波市三江口至镇海口的26公里江段称为甬江。现今的《辞海》因此解释："甬，浙江省宁波市的简称，因境内有甬江而得名。"

除"甬"之外，夏、商、周三代以来，宁波还有"鄞"的名称。《国语·越语》说，越国勾践之地"东至于鄞"。明末清初历史地理学家顾祖禹《读史方舆纪要》解释"鄞"的名称最早就是这样来的："夏时有堇子国，以赤堇山为名，后加邑为鄞。"说明堇子国的堇字，因为建有城邑，就称为"鄞"。

史料记载，宁波在春秋时期还有一个"句章"地名。周元王四年（公元前472年），越王勾践将句余山扩建为"句章"城。而"句章"一名之由来，北魏阚骃所撰《十三州志》介绍说，"越王勾践之地，南至句余，其后并吴，因大城句余，章（彰）伯（霸）功以示子孙，故曰句章"，意思是勾践在句余山边，为了对子孙彰显称霸之功而修建一座大城，城取名"句章"。这是宁波地区历史上最早见于史书记载的城市。

秦始皇统一中国后，废除分封制，设立郡县制，在宁波地区正式建立了鄞、鄮和句章三个县，归属会稽郡管辖。秦汉时还在宁波地区设置了余姚县，东汉建安五年（200年）始筑县城，为浙东古县城之一。余姚县一度升为姚州，在唐武德四年（621年）

置姚州。余姚之得名，说法不一。晋《风土记》载："舜后支庶所封之地，舜姓姚，故云余姚。"另外一种解释是："邑有句余山，又南有姚江，故名。"后面这种因为有句余山、姚江而得名的解释，认同者较多。

研究越文化的专家认为，"鄞"、"句"、"甬"、"余"等词皆为越语遗音，其义难确。越族有本民族独特的语言，称越语，它与华夏族语、荆楚族语都不相同，古时也不相通，具有鲜明特征。越语遗留在地名中的特征，学者谭其骧先生曾指出："今江浙地方多以句、于、姑、余、无、乌等为地名，与古代吴越语的发语音有关。"显见，宁波古名的句章、四明山古名的句余山，以及余姚等地名中的"句"和"余"，都是古代越语的发语词，无实义。陈桥驿先生在《浙江省地理》中说得很明白：至今沿用的许多地名，像鄞、甬、余姚等，都是从春秋越族遗留下来的。[1]

唐太宗贞观元年（627 年），分全国为十道，越州鄞县属江南道。采访使齐澣以越州的鄞县是丝织品和海味的集散地，奏请将鄞县划分为慈溪、奉化、翁山（今定海县）、鄞四个县，别立明州以统之。之所以称为"明州"，因地有四明山而得名。从此，明州与越州同隶于江南东道。

宋朝废"道"设"路"，尽削原"道"节度使权力，代之以各"路"转运使。转运使原是宋朝廷为收取地方赋税而设，后替代"道"节度使成为一级地方政府。明州隶属两浙东路。所以宁波地区属于"浙东"，明清时形成了著名的"浙东学派"。宋宁宗赵扩1194 年继皇帝位后，改年号为"庆元"，因为他继位前曾遥领明州观察使，所以将明州升格为府，并以改年号"庆元"之名将明州更名为"庆元府"，宁波由此有了"庆元"之名。

元代中央行政机构名称是中书省，中央行政机构在地方设

---

[1] 潘为去，《略论宁波地名的起源》，《宁波师院学报》（社会科学版），1987 年第 2 期。

置的派出机构，就叫行省。行省之下，基本沿袭宋制，依次分为路（府）、州、县。宋朝的"庆元府"复格为"庆元路"，属"江浙行中书省"，省治设在杭州。舟山、余姚、奉化都由县升格成州，分别为昌国州、余姚州、奉化州。

1368年，明朝推翻元朝，大明开国。明太祖朱元璋觉得"庆元路"有庆贺元朝之意，便改"庆元路"为古名"明州府"，隶属"浙江行中书省"。昌国、余姚、奉化也复为县。古代讲究避讳，对于君主和尊长的名字，必须避免直接说出或写出。1381年，为避明朝的国号讳，朱元璋采纳鄞县人单仲友的建议，取"海定则波宁"之意，将"明州府"改称"宁波府"，"宁波"之名沿用至今，一直没有人再提出改名，说明这个名字非常符合人们的心意。

从"甬"演变到"宁波"，我们可以理解为什么宁波城市名称一直延续历史习俗简称"甬"，而不是简称"宁"或"波"。

江厦街："走遍天下，不如宁波江厦"

清朝末年以来，江厦街发展成为近代宁波最繁华的金融商业中心。宁波人流传一句俗语："走遍天下，不如宁波江厦。"凡是有宁波人经商和生活的地方，几乎都可以听到这句俗语，江厦街几乎成了宁波的代名词。这句宁波俗语，表达了两层意思，一是宁波人那种"走遍天下"经商创业的豪情；二是海内外宁波人不管身在何处，不管他乡多好，都思念家乡并以家乡的城市标志江厦街为自豪。

其实，历史上的所谓江厦街只有称呼而并无具体标识，因古有江下寺，取其谐音俗称"江厦"，泛指奉化江边自灵桥至三江口这一狭长的滨江地带。一直到民国18年（1929年），政府将半边街、双街、糖行街、钱行街这四条小街拆直拓宽成一条柏油马路，这才正式定名为"江厦街"。唐宋以后直至鸦片战争前，这里

图① 20世纪40年代的江厦街

是宁波对外交通贸易的海运码头所在地,后成为宁波城中钱庄的汇集地。

江厦街可以说占尽了甬城的地利,街处三江口,车马舟楫皆利。从唐朝显庆四年(659年),日本遣唐使船在"三江口"登陆开始,这里就逐渐成为全国海运对外贸易的水路要道之一。

到了北宋时期,这里正式建起了一处石砌的海运码头,朝廷还根据对外贸易的需要,专门设置了管理海舶的市舶司,并在城门外建来远亭,作为船只出入验货的关卡。这时候,已经有来自日本、高丽(朝鲜)、阇婆(今属印度尼西亚)、真里富(柬埔寨)、占城(今属越南)、暹罗(泰国)、大食(西亚)等多个国家和地区的船舶商贾云集在江厦街上。

明清两代,先后实行严格的海禁锁边政策,航运业几近窒息,即便如此,朝廷仍然指定宁波为"勘合贸易"接待日本"贡船"的唯一港口。可以说,借助海运贸易的便利,江厦街的繁荣在历史上从未出现过断层。

江厦街是四街归一的商贸要地。半边街紧挨着奉化江,一直是宁波最大、最兴旺的鱼市场。鼎盛时,不长的街上挤着大大小小二十几家鱼行。每逢"冰鲜"船到港,半边街上帆樯如林,到处是鱼光鳞影、雨咸风腥。紧挨着半边街的就是双街,双街很短,街上主要是咸货行,解放前宁波最有名的四大咸货行中的"方悦来"和"邵泰祥"就在这里。而糖行街上则是以南北货食品业的店铺为主。钱行街在四条小街中最为繁华,整条街上曾有大小近百家钱庄,小港李家、江东严家、湖西赵家、洋墅徐家、慈溪董家等著名商业家族都在钱行街拥有自己的钱庄或拥有大笔钱庄股份。钱庄的繁荣也带动了江厦一带的消费,"状元楼"、"东福园"等著名酒家纷纷开业,每当打烊,银元叮当之声便响彻全街。1941年,宁波被日军占领,钱庄大都停业。抗日战争结束后,钱庄业有所恢复,但已大不如前。1949年9月13日,败退舟山的国民党空军对灵桥及江厦街大肆轰炸,江厦街一片火海,闹市变成废墟。从此,四条街中的三条消失了,只有半边街仍然沿称如旧。1951年,在原江厦废墟上建成了真正意义上的江厦街。1972年和1987年,江厦街两次拓宽,达到现在的规模。江厦街上曾有两处有名的建筑:天妃宫和滨江庙。天妃宫是宋朝年间建造的,清《四明谈助》称其为"城东巨观"。天妃宫是供奉妈祖的神庙,同时又是福建人在宁波的同乡会,故又俗称福建会馆。滨江庙的正式名称叫"景迂先生祠",是为祀奉"江下寺"创始人宋代监船税官晁景迂建造的。

战船街:宁波"船"事如烟

战船街是和义路与姚江之间的一条小街,这条街名标记着宁波城市的"船"事。

船在宁波的历史长河中,一直占据着重要地位,宁波从河姆渡口、小溪口到三江口、海港口的演进史,也是一部从独木舟(河姆渡)、木帆船(唐宋时期江厦码头)到铁壳船(五口通商后江北岸)、万吨巨轮(北仑港)的船的演变史。

在宁波博物馆主入通道大厅门口,展示着一艘南宋古船。

图② 战船街出土的南宋古船

这是一只驳船，主要用于小宗货物从河口岸到海港大船之间的驳运。

  这艘南宋驳船，是2003年底由宁波市文物保护研究所在战船街北部、和义路瓮城基址南侧挖掘出土的。当时该船位于距地表深1.5米的文化层中，考古工作者结合地层的叠压关系以及船内的瓷片等遗存，断定此船的制造时代为南宋。出土时，船舷右侧缺失，但中部保存较完整，船尾已遭破坏。残长约9.4米，最宽处约2.8米，深约1.15米。可以分辨出的船舱壁有9道，舱与舱之间，有流水孔相通。隔舱板底部有舱壁肋骨，船板厚5厘米，为杉木及其他硬木材料做成。船在靠近中前部和中后部被两排紧密的晚期木桩破坏，仅残存部分龙骨。该船尖底圆舭，前体尖瘦，中部凸起，尾部呈方形。船体未见桅座构件，因此，此船不是以风帆作推进动力，而是靠摇橹操纵推进。

  宁波是中国舟船文化重要的发祥地。唐代，明州是全国重要造船基地之一。北宋后期，明州造船额定为年产600艘，三江口设有官营造船场，史称"四明船场"或"明州船场"。而船场的总部就设在战船街，年造船数量居全国之首。直至清代，袁钧有《战船厂》诗："战船江边岁岁修，千家冢木几家留。近来樟树随山尽，出海偏拿估客舟。"描写位于今战船街一带江边的战船厂，年年修造战船，消耗了大量木材，由于长期大量砍伐，宁波制船之木——樟木几近绝迹。而当时官府又不拨钱买木，船场官兵为交差常偷偷挖掘百姓棺材木制船，还经常出海抢拿商人贩运的船来抵数。由此可见古代宁波造船任务很重，千百年来把宁波山上的樟木都用完了。

造船业的兴盛、独特的地理位置和历史上的政治因素，使宁波成为我国唐宋以来著名的对外交通贸易港口。大量的考古、文献资料及历史遗存证实：唐宋以来，宁波港及浙东运河是外国来使与贸易商团的主要登陆口岸和通往中原的运河航道，同时也是中国使团和商团出海的主要通道。宁波不仅是海上丝绸之路的重要始发港之一，而且是中国大运河南端唯一的出海通道。运河文化与海上丝绸之路文化相互交汇、叠压，成为宁波城市文化的基本特征。

孝闻街：宁波城市的孝文化

宁波是一座儒家"孝文化"深厚的城市，我们可以从孝闻街说起。

孝闻街南起中山西路，北至永丰路，全长 1186 米，宽 11 米，旧名含河利市桥、水凫桥、芳嘉桥跟、孝闻坊、双池街等地。清代《鄞县志》称"河利市桥北横街区，北至西上桥"，即今孝闻街之南段，原为沿河小街。北段为曲折小巷。孝闻街以孝为先，由旧时的"孝闻坊"而得名，开宗明义，颂扬中华文明的传统美德。据宋史《孝义传》记载：北宋徽宗末期，本城当坊有个叫杨庆的孝子，因父病无钱求医，"乃割股熬之，喂父疗愈；其后，母病不能食，又取己之右乳肉焚之，以此灰拌药进焉，入口遂瘥。久之，乳复生。"宣和三年（1121 年），明州太守楼异请命朝廷赐以"崇孝"石牌坊，以励后人。南宋绍兴七年（1137 年），太守仇忿又为

之上奏朝廷，诏表其门庭。他在罗列诸事后，赞夸其行为"岂减介子推、安金藏哉？"此后，明州宋孝子杨庆的美名远播四方，历代传扬。所以，在后来宁波街巷定名时，就将孝闻坊所在的河街称为孝闻街。

宁波是一座具有悠久的儒家孝文化历史的城市，其中被载入史册的有汉孝子董黯、唐孝子张无择、宋孝子孙之翰等，他们带有传奇色彩的事迹成为城市美谈，其精神成为城市基因，千古流传。

董黯，西汉大儒董仲舒六世孙，慈溪人，住城北阚山南麓谈妙涧。他幼年丧父，与母相依为命。母患瘤疾，因住地濒临姚江，遭咸潮入侵，其水味苦涩，不适宜饮用。母亲有一天对儿子说想喝娘家的大隐溪水，董黯竟然每次来回二十余里到大隐溪上游的永昌潭去担水奉母，据传在途中绝不转换肩胛，为的是把肩前的纯净水供母饮用。但故里之水离家甚远，不能常至，董黯即在外婆家（今章山村永昌潭旁）筑一陋室，汲水供母，母病得以好转。

董黯有近邻王寄，秉性顽劣，事亲不孝，其母常以董黯之孝行作比指责王寄。王寄迁怒于董黯。一日，董黯外出，王寄百般凌辱董母，致其一病不起，不久逝世。董黯对王寄非常愤恨，待

图③ 今日孝闻街一景

安葬母亲后，找到一个机会斩杀了王寄，并到官衙投案自首。此事惊动了皇帝，汉和帝听说了董黯的孝心孝行后，释免董黯杀人之罪，并且表彰他奇特的孝行，招他进京做郎官。然而，董黯却拒绝做官，终老于现今余姚的大隐镇。

东汉延光三年（124年），汉安帝敕封董黯为"孝子"，并立祠于古慈溪城内。唐大历七年（772年），在宁波城外也建纯德庙，祀董孝子，原址位于海曙区南郊祖关山之北的土墩上，东面即是董黯母亲的墓。明代洪武四年（1371年）明太祖朱元璋又敕封董黯为"孝子之神"，明州太守张琪将原慈溪城内（今慈城）董孝子庙迁到宁波邑庙（今郡庙）之后殿，又在南郊祖关山新建董孝子庙。

董孝子的传说，衍生了慈溪、慈城、慈湖等地名，南宋大儒杨简在《慈湖》诗序中说："溪以董君慈孝而得名，县又以是名，则是湖宜亦以慈名。"阚峰下的德润湖，从此也被称作"慈湖"。

唐代，宁波又出了一个流芳青史的孝子张无择。他是唐代慈溪县金川乡招义村（今余姚市三七市镇独山村一带）人，该村旧有张孝子庙，毁于"文革"时期。据清雍正《宁波府志》记载："张无择，字君选……寻刺和州，丁父袁州司马叙忧，奉丧归里，葬于邑之虎胛山。负土结庐，三年不栉，七日绝浆……以寿终。宋嘉定十四年，邑令赵崇遂附祀于董孝子庙。"这段话讲述的是，时任和州（今安徽省马鞍山市和县）刺史的张无择，为父亲袁州（今江西省宜春市）司马张叙病逝丁忧（古代，父母死后，子女按礼须持丧守墓三年，其间不得行婚嫁之事，不预吉庆之典，为官者须离职，称"丁忧"），扶棺归葬故乡，在守墓期间，七天不喝水，三年不洗澡，终于"有涌泉芝草之异"，在张无择父亲的墓地涌出了甘泉，长出了灵芝仙草，这使得张无择的孝行蒙上了一层神话色彩。张无择守墓20年后去世，诗人贺知章为其撰墓志铭。为纪念这位孝子，后世将虎胛山下的河流称为无择浦，浦上的石桥称为无择桥。

宋代，宁波出了一个割肝熬粥治母病的孝子孙之翰（1137~1202年），他是慈溪县金川乡鸡鸣山（今余姚市三七市镇二六市村）人，少年丧父，家道中落，到而立之年又逢母亲大病。孙之翰侍母至孝，日夜侍奉母亲以致昏厥。后来，他四处打听医方，听郎中之言，割肝熬粥救母，其母食粥后如饮酒沉醉，酣睡整宿，次日醒来霍然痊愈，一时传为奇闻。当时知明州、充沿海制置使的赵伯圭听说此事后非常震惊，欲报朝廷褒奖孙之翰，孙之翰婉言谢绝说："本心救亲，他无所觊。"孙之翰66岁去世，葬于五磊山，南宋大儒杨简为其撰墓志铭。

天一街：宁波城市的书香气质

天一街位于城区西南隅，西起长春路，东至中营巷，北至菱池街，长345米。该路原系天一巷、中营巷之西段，解放后辟筑成街。1981年11月，经宁波市人民政府批准命名，因有明代兵部右侍郎范钦藏书楼天一阁而得名。

天一阁是中国现存最古老的藏书楼，也是世界上现存三座最早的家族藏书楼之一，为全国重点文物保护单位，收藏有大量明代刊稿、抄本、刻本，其中明地方志、科举录多为海内孤本。现藏古籍30余万卷，有"南国书城"之称。

2009年8月20日，宁波城市形象口号经过征集评选，定为："书藏古今，港通天下 —— 中国宁波"。这个口号概括了宁波的城市特质。而"书藏古今"狭义上指天一阁，广义上则寓意宁波历史悠久、文化厚重，是一座书香之城、文化之城。

宁波自古是"海上书籍之路"的主要输出港。其实，"海上书籍之路"远比"海上丝绸之路"意义重大，因为"海上丝绸之路"仅是物质贸易，而"海上书籍之路"则是文明和思想的传播。研

究中日文化交流的学者王勇先生认为:"书籍之路"凝聚着更多的中华文明的精神创意,因而具有强大的再生机能,可以超越时空惠及后代。

　　古代日本政府把中国的书籍看作利国之物、智慧之源,鼓励中国商人将书籍销往日本。日本皇室和贵族不断向明代中国船头开具订单,订购中国书籍。据日本《商舶载来书目》和《各省方志持渡年表》统计,输入日本的中国地方志就有179种,其中包括宁波地区的地方志5种,为《宁波府志》《慈溪县志》《奉化县志》《象山县志》和《定海县志》。

　　宁波是浙江重要的刻书地区之一,早在宋代,官府就已设立了刻书坊,刊印50余种书籍。明清以来,宁波除了官刻,还有许多坊刻和私刻,不少书籍由"海上书籍之路"流向日本。明代日本使者策彦《初渡集》和《再渡集》记载了他在宁波期间收集书籍的情况,在他所搜集的书籍中就有当时宁波刊印的《百川学海》《文献通考》等。

府桥街与历代衙署

衙署是城里的政治、权力机构。朝代更替，历代官员如走马灯般在宁波古城来来往往，如今，我们何处去寻访他们衙署的踪迹呢？不妨从城市中带有"官方"性质的地名去找。宁波的不少街巷，是因附近有衙署、兵营、学宫等官方机构而命名的。如府治附近有府桥街、府侧街；县治前有县前街、县东街、县西街；官衙附近有崔衙街、毛衙街、马衙街、郭衙巷、甬东司巷等；以兵营命名的有演武街、君子街、左营巷、右营巷、中营巷、后营巷等；和粮仓相关的有仓基街、仓桥街等；和学宫相关的有县学街、呼童街、郎山街等。

府桥街东起解放北路，西至呼童街，长318米，宽4~5米。街之东西有两座石牌坊，那就是唐代子城的东西界限标志。西侧石牌坊两面分别刻有"近悦远来"、"利涉大川"；东侧石牌坊刻有"百桂留香"、"与日俱进"。府桥街为历代宁波政治中心，唐、宋、元、明、清的衙署都在这一带。民国《鄞县通志》记载了府桥街名称的由来："旧府署之前有府东、府西二桥，故名府桥街"，1927年改建成马路。

在西牌楼下，有一座五开间的硬山顶建筑，明间檐柱上的门牌上赫然印着"府桥街66号"。这座建筑四柱六檩，门上方置"督学行署"匾。所谓"督学"，是旧时主管教育的部门中负责视察、监督学校工作的官员，是提督学政或督学使者的简称。"行署"是行政公署的简称。这里是清政府浙江学政在甬驻地，由于当年学政大人每年在此主持全宁波府的各类科举考试，故亦称其为"校士馆"，或曰"学台衙门"。子城西门地块自唐长庆元年（821年）明州建城于三江口以来，一直为历代衙署。宋代是为"节度

使推官厅事"（节度使推官是幕职官，从八品），元为"平准行用交钞库"（相当于银行），明为"察院行台"，清代则改为"督学行署"。这是宁波城现存的唯一古衙。

　　崔衙街北至中山东路，南接又新街，长270米，宽2.5米。明永乐《宁波府志》载称四港桥巷。因位于宋、元市舶司后，又称市司后桥。民国18年（1929年）填岳庙西河废桥建街，改定今名。因为明代永乐年间，崔志道置崔指挥衙于此，故名。俗称崔衙前。与此类似的还有毛衙街，南起莲桥街，北至大沙泥街，长350米。民国《鄞县通志》载："毛衙街，旧名毛家衙。"明初毛指挥使建衙于此。马衙街，东起偃月街，西至长春路，长386米，宽5.5米。民国《鄞县通志》载："马衙街，旧名马眼漕。"街南侧有水池俗称马眼漕。明初宁波卫指挥同知马胜建衙于此。郭衙巷，东起毛衙街，西至解放南路，中段南通莲桥街，全长309米，宽2米。民国《鄞县通志》载："郭衙巷，旧名郭衙衕。"明初世袭宁波卫百户郭真建衙于此。

[三]

水城宁波

宁波地处江南，自古是一座水城，河网密布，如脉动的血管，滋养生息。宁波水的形态丰富，有海、河、江、湖、港、湾、溪等，形成了"三江六塘河，一湖居其中"的独具特色的三江口地区和"东出大洋、西连江淮、转运南北、港通天下"的城市特征。

逐水兴城

在宁波城市发展史上，水利条件和生产力水平决定城市的选址和格局变化。

先秦时代，人们总结筑城选址的原则是："高毋近阜而水用足，下毋近水而沟防省"，往往选在丘陵山冈上筑城，离水流不近不远，既方便用水，又不被水侵害。但是随着人类征服自然能力的提高，江南地区越来越多的城址移向靠近江、河、湖、海等平原水域之区，以满足城市经济发展的需要，有助于充分利用发达的水上交通运输条件，沟通城市与经济腹地的联系。

宁波自古一直苦于海水咸侵。当处于农耕经济时代，淡水是宁波祖先生存的基础，因为只有淡水，才能淡化逐渐成陆的山麓土地，并使它适宜于种植。宁波平原的越人首先在西、南、东三个山口河谷有淡水资源的地方形成了自己的居住聚落，因为那里都有一条或者数条溪水从山上流下来。这三个地方，一个在今天鄞州的宝幢，这里有天童、画龙、东吴三条溪水汇流，人们不但在这里耕种和捕捞浅海鱼虾，而且与居住在海岛里的"外越人"进行物物交换的贸易，这地方就被叫作"鄮"，所谓"鄮"，就是贸易之城；另一个聚落在今天鄞州与余姚边界的城山渡，那里有大隐溪流经，这个地方被叫作"句章"；再有一个地方在今天鄞州的横溪与奉化白杜交界处，那里有横溪和白杜河流经，那个地方叫作"鄞"。

而后，宁波祖先开始了对宁波平原千余年的治水并拓展，逐

图① 明代宁波府图

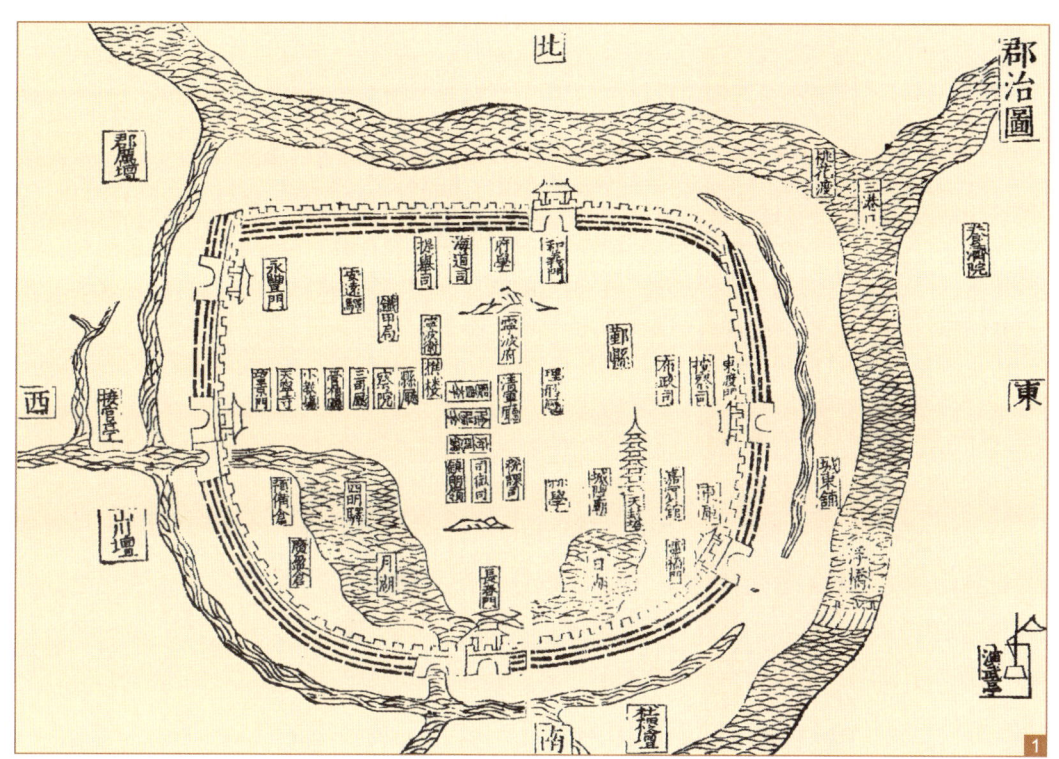

渐由小溪边向开阔的江河边迁移、发展。宁波城市也由山麓农耕经济走向港城商贸经济。

唐末,宁波城市的中心迁移到了三江口,当时明州城的东北、东南两边紧靠姚江、奉化江而建,形成天然屏障。城的西北、西南以护城河为界,依势勾勒成半个弧形,并设置十座城门。宋朝以来,宁波依托三江口这一河、江、海航运交通要道,繁荣对外贸易。此时,明州城进行了修缮和扩建,基本形成了"江南水城"的风貌。全城划分为东南、东北、西南、西北四厢,51坊。其内河网密布,总计有45条干支河渠,以月湖、日湖为核心形成"沟脉连,家映修渠"的城市水网系统,两侧街巷如叶脉状沿河分布。

随着经济的发展,人口的增加,古城区已难以满足需求,城区开始跨江拓展。鸦片战争后,宁波被辟为五口通商口岸之一,江北岸被划为外国人居留区,至此宁波老城区形成了"三江分隔、三区(海曙、江东、江北)鼎立"的格局。另外,随着港口的逐渐外移，从最早的姚江城山渡的句章港，到姚江的渔浦门码头、奉化江的江厦码头，直到现在的北仑港，宁波经历了"内河港 — 河汊港 — 海港"的变迁，由"滨江"走向"滨海"，形成组团式的开放形态，三江的骨干作用愈发完整。[1]

宁波的水系"脉搏"

宁波水系的主要动脉是三条江。甬江由奉化江和余姚江两江汇集而成，是浙江省七大水系之一。甬江干流指姚江、奉化江汇合于宁波市区的三江口后至镇海大小游山出口段，流入东海，全长26公里，流域面积361平方公里。余姚江发源于四明山夏家岭，全长105公里，流域面积1934平方公里。奉化江发源于四明山东麓的秀尖山，干流长98公里，流域面积2223平方公里。奉化江有剡江、县江、东江和鄞江四大支流，流经奉化、余姚和慈溪，在宁波市三江口与姚江汇合成甬江。

而宁波市郊，河流纵横交错，四通八达，在鄞州区东、西有六条主流，称为"塘河"，包括鄞东的前塘河、中塘河、后塘河及鄞西的南塘河、中塘河、西塘河，是内河主干线系统。古人对此曾有"舟楫纵横以利集散，民间运输多赖于此"的描述。

鄞东三条塘河中的后塘河起于江东大河头，即原大河路，现为中山东路延伸段，止于东吴镇，流经七里垫、福明桥、盛垫桥、五乡碶、宝幢、沙堰河头、小白河头、东吴并接三溪浦溪流；中塘河起于江东新河头，止于东钱湖镇莫枝堰，流经宋诏桥、横石桥、潘火桥、泗港、五港、沙家垫、莫枝堰，上接东钱湖；前塘河起于中塘河的横石桥，经三桥、云龙碶止于横溪镇。后塘河支流众多，可达下应镇、姜山镇、茅山、甲村、桃江、奉化白杜乡等地。前

---

[1] 张沈磊，《塑造滨水名城 —— 宁波滨水城市规划实践与思考》，《城市规划》2006年第3期。

塘河在横溪并与金峨寺、道成岙山中溪流衔接（现在为横溪水库）。鄞东的这三条古塘河与许多支流紧密相连，并且在奉化江、甬江中筑有大堰碶、杨木碶、铜盆浦等碶闸，在干旱时期东钱湖开闸放水，流经四乡，灌溉农田。

鄞西的南、西、中三条塘河，其中两条均止于海曙区：南塘河从原宁波濠河头经段塘、石碶、栎社、洞桥等处到鄞江镇光溪桥，上接樟溪，南塘河在石碶、段塘、澄浪堰均有通奉化江的碶闸；中塘河发源于草湾岗山麓，横贯鄞西平原，经横街、集士港在望春桥与西塘河汇合；西塘河源出大隐，至望春桥与中塘河汇合后入宁波西门口。

这六条塘河均由古代劳动人民人工开掘，其干流形成密布的河网，平时利于灌溉和水运，水涝灾害时则排涝于甬江，设计周密。

四通八达的水系造就了宁波优越的水利格局。在古代交通中，城乡物资流通，主要是靠舟楫运输，古代鄞县东、西乡的所有村落都有河流可通，因此，这六条塘河在日常生活中发挥了巨大作用。在宁波市区江东有大河头和三眼桥航船埠头，停靠后塘河来往船舶；还有新河航船埠头，停靠中塘河、前塘河来往船舶。城区有濠河头，停靠南塘河来往船舶；西门口航船埠头，停靠西塘河及中塘河船舶。旧时靠人力撑船拉纤,横跨在塘河上的石桥洞下一边都建有约60厘米宽的纤道。

"六塘河"加上江北的颜公渠、慈江、中大河、护城河系统,形成了灌溉蓄泄、通航水运一体发展的城市郊外河网格局。

在城内,入城的有南关、西关两水系,南系自鄞江桥它山堰而来,经南塘河入城,接平桥河为城内纵向河道;西系自大雷及林村而来,经西塘河入望京水门,东接县前河为城内横向河道,纵横构织,共有支河45条,分布全城。[1]

入城的河水,在城区西南隅积聚成日、月双湖,总称南湖。宋以后称湖之南为日湖,湖之西北部为西湖,也叫鉴湖。传说西湖因湖面圆处像满月,曲处似眉月,就称它为月湖。日湖年久淤没成为小河,北通月湖,现已填为平地了。日湖和月湖是宁波老城内水网的心脏,这两个巨大的城市储水器,调节着城市河流的水量分布。河水经两个湖流至城区的各条小河,最后,下游的被污染的河水,通过奉化江边罗城城墙上的三个闸门——食喉、气喉和水喉,排放到甬江中。这三个闸门还有一个重要作用,就是可在海水倒灌江水泛咸时关闭,以保护城内内河水免受咸潮污染。两个进水门的推动和三大出水闸的拉动,使得宁波城内的各条水流连成一个活水系统——从山涧溪水的源头到日、月两湖再到入江的排放口,形成了具有新陈代谢功能的城市水循环系统。

带"水印"的地名

宁波是一处深深打上"水印"的美丽水乡。在构成宁波市地名的"通名"中,直接或间接与水有关的就有:水、江、河、湖、

---

[1] 张文宁,《宁波市近代城市规划历史研究》,2008年,武汉理工大学硕士学位论文。

海、泉、溪、潭、漕、涨、洼、池、岛、浦（埠）、渡、堤、堰、坝、碶、渠、港、塘，等等。我们不妨举例说明一下。

宁波地名中，有很多以"漕"为通名命名的地名，比如安漕、长漕、后周漕、徐家漕、大漕、杏样漕等20多处。而且它们都在一些重要河道两岸，无一例外。"漕"指水道运粮，也指水运他物。《说文解字》解释："漕，水转谷也。"转，就是运的意思。漕运制度是我国历史上一项重要的经济制度。它是利用水道调运粮食的一种专业运输。运送粮食的目的是供宫廷消费、百官俸禄、军饷支付和民食调剂。这种粮食称漕粮，漕粮的运输称漕运，方式有河运、水陆递运和海运三种。唐宋以来，随着经济重心的不断南移，漕运愈发显得重要。元代以海漕取代河漕，庆元港是北洋漕运的重要港口，是漕粮北运的出发港。《元天历二年九月壬申祭庆元天妃庙文》云："浙水东郡襟江带海，漕道远涉万里波涛，神妃降鉴丕著宏功，息偃狂飓风，凡扫妖氛，永颂明德，百世扬休。"明清时期漕运更是成为封建王朝重要的生命线，宁波地处大运河入海口，其漕运业自然进入极盛，如今，众多带有"漕"字的地名，正非常清楚地说明了这一点。

宁波为什么有非常多带有"浦"和"渡"的地名？其实，这些地名反映了宁波自古是水城、水乡。古代，"浦"与"步"、"埠"相通，意为靠近水的码头、渡口。唐柳宗元《永州铁炉步志》文中说："江之浒，凡舟可縻而上下者曰'步'。"[1] 宁波位于中国海岸线中段，境内姚江、奉化江、甬江三江达海，故至今带有"浦（含埠、渡）"字的地名很多，慈溪的新浦、淞浦、择浦，余姚的河姆渡、陆浦、临海浦，奉化的南浦、白渡，宁海的回浦、龙浦，象山的石浦、鹤浦，镇海的澥浦、清水浦，北仑的霞浦、横浦，鄞州的铜盆浦、周家浦，江北的孔浦、城山渡，江东的大步街（原叫大埠头），海曙

---

[1] 宋李昉、宋白、徐铉等编《文苑英华》卷三七四。

的段塘渡等，当年都是一个个码头、渡口。

不仅在通名中，专名中带有"水"的含义的地名也有很多。如：秀水街、白水巷、横河街、带河巷等。[1]

宁波还有一些特有的地名用字，反映了古代明州的水利建设成就。

一个是带"隘"字的地名。《现代汉语词典》等对"隘"字的注音是"ài"，释义为"狭窄"、"险要的地方"。而宁波地名中的"隘"字读"gà"音，是宁波特有的地名方言用字。宁波人把低矮的水坝叫作"隘"，这是一种起源于古代的水利设施，水位低时可拦水，水位高时，多余的水可漫过堤坝，流入下河。其原理和作用与堰相同。宁波俗话说"东乡十八隘"，说明宁波城东边有十八处以"隘"字命名的地名，反映了古代宁波城的水利设施相当密集。沿用至今的比较有名的有"姚隘""张隘""邱隘""邬隘"等，每个"隘"都保一方乡亲。

除"隘"外，还有一个宁波特有的地名用字"碶"。与作为堤坝的"隘"不同，"碶"其实就是石砌的水闸，可闭可启以调节水量。旱时闭闸蓄水，涝时开启泄洪。北宋文学家曾巩在《广德湖记》中这样说："鄞人累石堙水，阙其间而扃以木，视水之小大而闭纵之，谓之碶。"意思是说：鄞县人叠石堵水，留个缺口，封以木板，可根据水流大小任意启闭，这种设施被称为"碶"。曾巩在文章中将"碶"与"鄞人"联系起来，可见"碶"是古代宁波人所首创的。在宁波大地上，带有"碶"字的地名，虽经历史变迁，至今仍有不少，如"石碶"、"五乡碶"、"云龙碶"、"大碶"、"新碶"等。

这些地名及其所指称的水利设施的存在，为我们展现了一幅古代宁波水利建设的画卷，也是水城宁波的独特印记。

---

[1] 王苹、于红艳，《宁波地名的文化意义阐释》，《宁波大学学报》（人文科学版），2009年9月。

【四】

中国大运河的出海口

2010年12月10日，由中国文物学会、浙江省文物局、政协宁波市委员会等单位主办的"大运河与海上丝绸之路"宁波论坛，确认陆上丝绸之路的起点由西安延伸至大运河古都洛阳，中国大运河的终点由杭州延伸至东方"海上丝绸之路"核心城市之一——宁波，宁波是中国大运河最南端的出海口，连接"海上丝绸之路"的起点，是两条文化线路的交汇点。由此，人们找到了陆上丝绸之路—大运河—海上丝绸之路三条文化线路贯通的脉络和节点，宁波被定位为大运河出海口地段城市，在世界文化史上具有独一无二的重要性。

浙东运河：宁波城市世界遗产名片

中国大运河中的浙东运河（宁波段）是推动宁波城市发展的一条重要运输动脉。它西起杭州市萧山的西兴，连通钱塘江，途经钱清、柯桥、绍兴、上虞，在宁波市余姚汇入姚江，此后沿自然水道经过宁波三江口，在镇海口汇入东海。浙东运河最早可上溯至春秋晚期越国开凿的"山阴古水道"。根据历史文献记载，这条古运河从绍兴东郭一直延伸到曹娥江旁，全长20余公里。在此基础上，晋代人沟通了姚江与萧绍平原河道的联系，使它的功能得到进一步发挥。历史上，浙东运河曾经承担了重要的漕运功能。南宋时，福建漕粮经由海路运往宁波，再经浙东运河运往都城临安。元代实行漕粮海运，各地漕粮通过浙东运河出海抵达大都。南宋时日本、越南、高丽等地的产品从浙东运河输往临安，海外各国使节也多从宁波登陆，再经运河前往内地。明代弘治元年（1488年），朝鲜官员崔溥和同船42人在海上遇险后漂流至浙东台州沿海，后从宁波经浙东运河到杭州，再经京杭大运河取道北京回国，他将沿途见闻写成《漂海录》。《漂海录》反映了当时浙东运河（宁波段）是宁波西达杭绍、北上江淮的主要

图① 大西坝遗存

水道，沿路景象繁华。其中他从奉化江摆渡进入鄞县北渡的风棚碶后，一路乘船沿南塘河到宁波城南的长春门，由水门入城，出西门到西塘河时，见"江之两岸，市肆、舸舰纷集如云"，反映了当时宁波府城西门外一带运河码头和市场贸易的繁荣境况。他到大西坝时，见"坝之两岸筑堤，以石断流为堰，使之与外江不得相通，两旁设机械，以竹绹为缆，挽舟而过"。可见大西坝是一处典型的便于江河通航的水利设施，大西坝目前还有部分遗存。

浙东运河（宁波段）地处平原地区，具有典型的江南水网格局特征，即自然江河利用与人工塘河建设并行共举，农业水利与水运交通一体开发。浙东运河（宁波段）是人与自然共同创造的伟大杰作，可谓"天工人巧，各居其半"。我们在地图上可以发现，余姚、慈溪、鄞县、镇海四大古县及其县城，沿浙东运河（宁波段）主航道一字排开。从其建城选址、布局及功能定位等形成发展的过程分析，几乎与运河的形成及其功能的发挥完全一致。镇海城的建设主要是为了解决出海口的安全；鄞县（宁波府城）的设置是提供河海转运的核心港埠系统；慈溪县城扼守并承担了姚江河谷平原东段前、后江（即姚江、慈江）的航运与管理；余姚县城是姚江西段和曹娥江东岸的航运水利中心。在

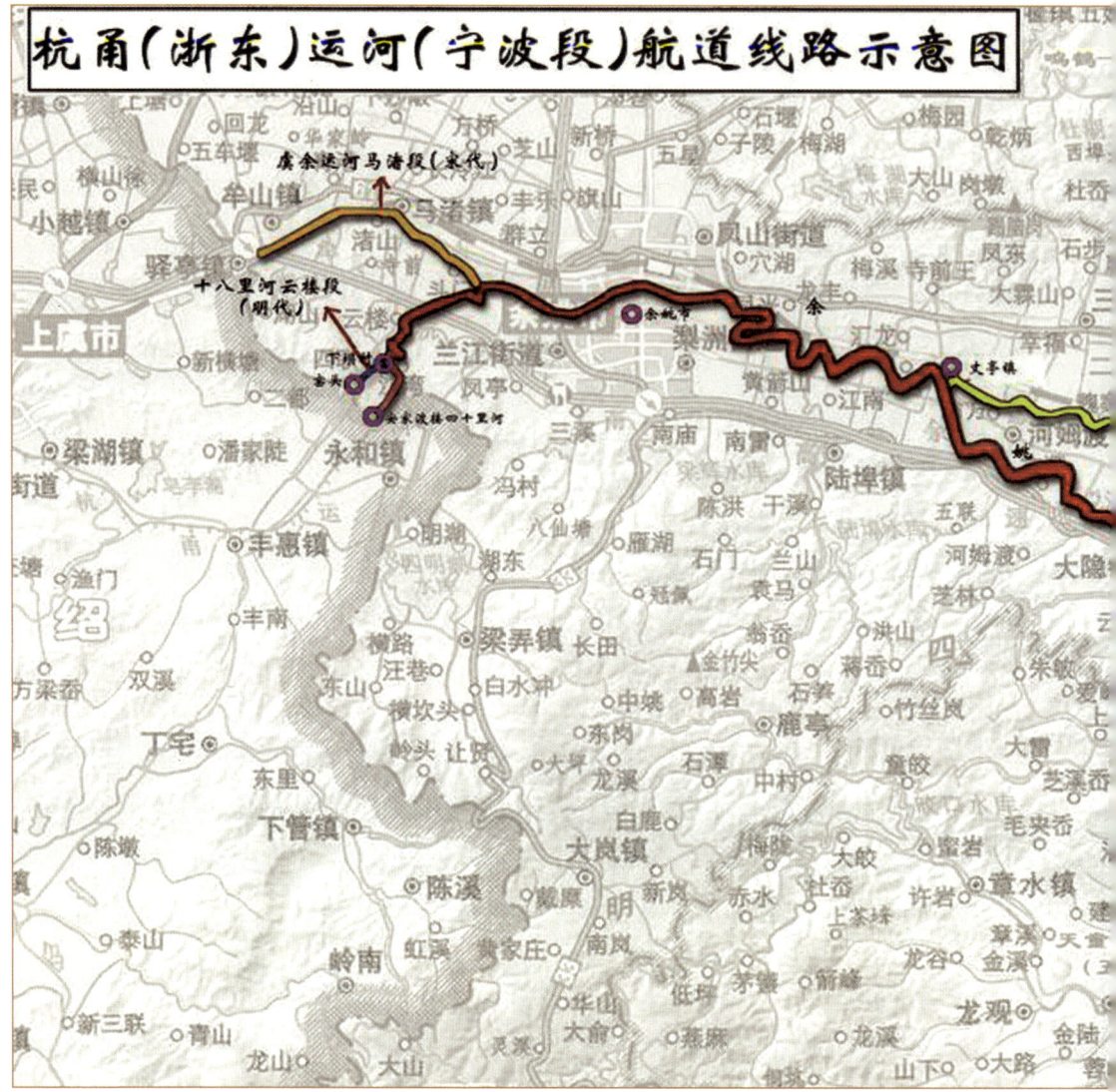

图② 浙东运河(宁波段)航道线路示意图

100公里浙东运河(宁波段)主航道上设置这样密集,形态、结构、职能各具特色,发育完备的四个古代县级行政机构,保证了宁波港及浙东运河(宁波段)各段航道的功能管理需求。

2013年1月底,中国大运河联合申遗文本正式提交联合国教科文组织世界遗产中心。在中国大运河申遗文本名单中,共包括大运河河道遗产27段,以及运河水工遗存、运河附属遗存、运河相关遗产共计58处遗产,其中,宁波市列入正式文本的为

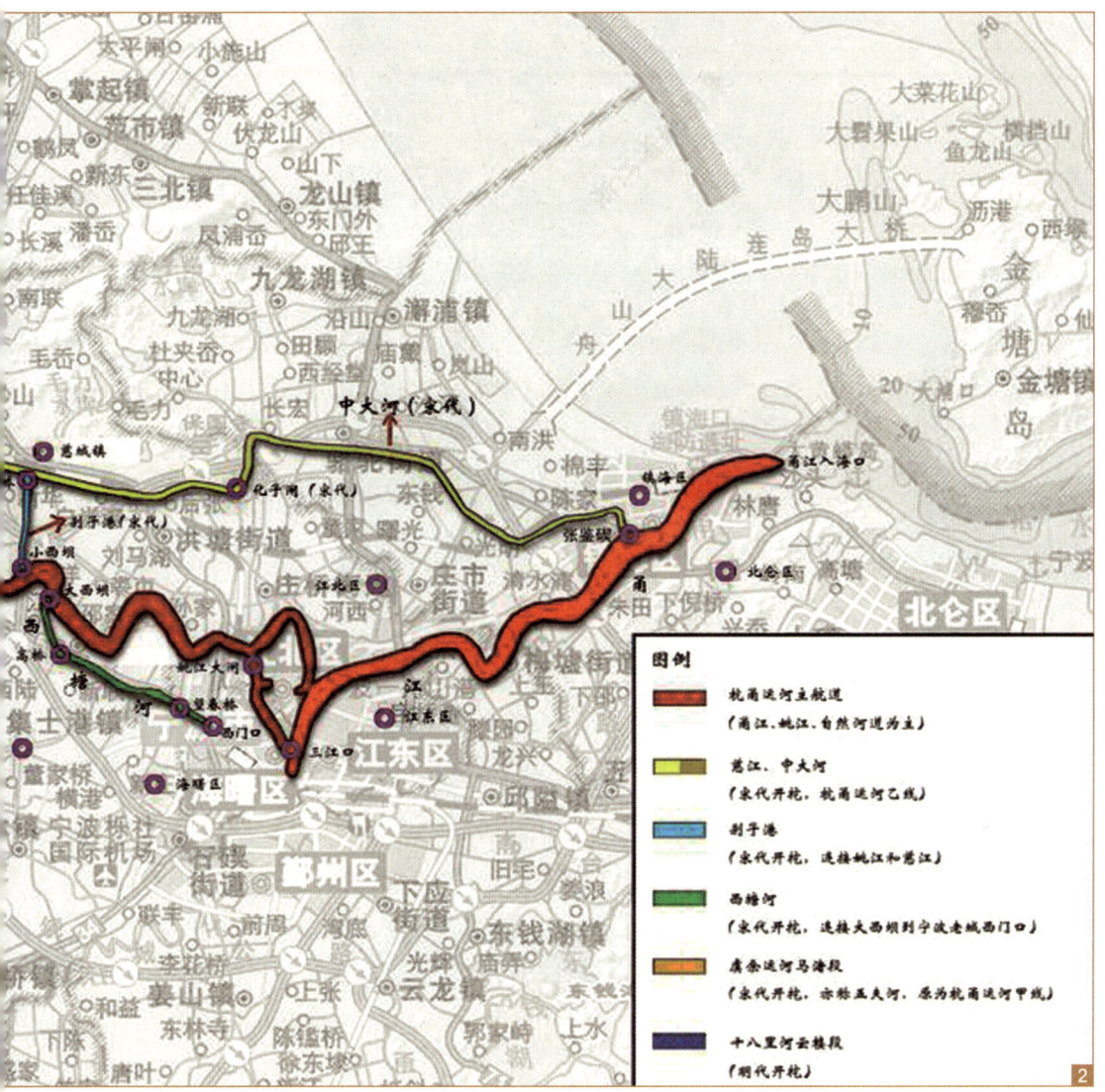

"二段一点"。

第一段为浙东运河上虞—余姚段中的宁波段,从五夫升船机至曹墅桥,始建于宋代,是利用当地的湖泊沼泽经人工整理后形成的运河。这段运河沟通了曹娥江和姚江,历史上对促进沿线城镇的繁荣发挥过重要作用,至今仍保留着运河两岸村镇相依的自然风貌。这段运河至今仍是繁忙的航道,现为六级航道,平均宽22米,水深1.5米。

羽人竞渡——宁波发展史话

　　第二段为浙江运河宁波段，从余姚丈亭三江口经慈城，向南抵小西坝，总长约 23 公里。这是宋代浙东运河黄金时期开凿的人工航道，取代了丈亭以东姚江自然河段，有效避免了海潮对航道的影响。这种自然江河与人工塘河并行结合、因势取舍的设计、构筑理念与航运方式，正是宁波地区古代航运系统的一个重要特征。

　　"二段一点"中的"点"，即宁波三江口和庆安会馆，这是大运河连接海上丝绸之路的连接点。自古以来，明州（宁波）始终是一个优良的对外开放港口，特别是在唐代，"海外杂国、贾船

图③ 浙东运河一景

交至",明州与扬州、广州并列为我国三大主要贸易港,清末时,宁波更是五口通商口岸之一。宁波三江口和庆安会馆入选的理由是,浙东运河在宋代全线贯通后,到达宁波的内河航船,一般从三江口换乘海船经甬江出海。同样,东来的海船,在宁波三江口驻泊后,改乘内河船,经浙东运河至杭州,与大运河对接。这其中,宁波庆安会馆更有着特殊的历史文化地位,它是浙东运河沿线在水运交通便利、商业发达经济繁荣的地区自然兴起的商业设施,反映了大运河沿线因运河而发展繁荣的贸易和工商业情况,代表了大运河的衍生影响。会馆同时又是祀神的庙宇,供奉航海保护神妈祖,反映了与海上丝绸之路文化线路连接的重要节点上受到外来影响的传统习俗的传播与发展。

2014年6月22日,在卡塔尔首都多哈举行的第38届世界遗产大会上,"中国大运河"联合申遗项目经过表决通过,正式被列入《世界遗产名录》,作为大运河27个申遗城市之一的宁波,从此跻身世界文化遗产城市行列。

海上丝绸之路名城

宁波是东方海上丝绸之路始发港之一,它与海外的"文明对话"始于东汉晚期。

东汉末年,南方地区的长江中下游制镜业得到了迅猛发展,出现了两个制镜中心,即会稽郡的山阴(今绍兴市)和江夏郡的武昌(今鄂州市),这一地区正是三国吴的属地。吴地铸镜工匠创作出了画像镜和神兽镜这两类新的铜镜。神兽镜以东王父、西王母为神像和龙、虎等兽形为主纹;画像镜除神像和兽形外,还有车马、歌舞、历史人物、传说故事等图像。吴地铸镜工匠从宁波东渡日本传授铸镜技艺,使得日本出现了极富特色的三角缘神兽镜并广泛流行,迄今为止在日本已经发现了至少500

图④ 东汉神兽镜

多枚这类铜镜。这从一个侧面证明,东汉末年至三国时期的宁波,已发展成为东吴沿海颇具规模的海内外贸易集散地,是吴地东渡日本的最佳出海口。

这一时期,舶来品已通过海路传至宁波地区。1998年,宁波鄞县高钱村钱大山东汉墓葬中出土了269颗琉璃珠,为一串项链,其中还有一枚胸坠,蓝色透明,小巧精致。这类琉璃珠实际上就是早期的玻璃器,我国在当时还不能制造如此精致纯洁的项珠。那么,这些玻璃装饰品是从何而来,又是通过什么途径来到这里的呢?考古分析,应该是西域胡人通过海路传入的舶来品。

三国东吴至西晋时期,宁波先后建有五磊寺、普济寺、天童寺、阿育王寺等寺院,印度佛教从海上传入宁波并落地生根。而早期越窑青瓷也开始销往朝鲜半岛、日本列岛等地。

至唐长庆元年(821年)明州迁治三江口后,构建州城,兴建港口，置官办船场，修杭甬运河等一系列重大举措，使明州成为我国港口与造船业最发达的地区之一，跻身于四大名港（另外三港为广州港、扬州港、泉州港）之列。唐开元年间，随着海外贸易的发展，在广州设立了专门管理海外商舶贸易的市舶使，主要职责为登记外国商船运载的货物，收纳关税，查禁唐朝不许进口的货物。随后发展成为专门管理海上对外贸易的机关——市舶司。发现于浙江临海的明万历元年（1573年）李岱墓志铭文，追述了李岱的远祖李素立曾担任过唐明州刺史，又兼管舶务，并经常在台州临海、黄岩、海门一带港口管理外商的贸易事务。这一史料被许多学者认为是唐代明州设立市舶使（司）的有力证据。

作为唐代对日本往来的门户，明州港城在唐晚期以后，更多地成为日本北九州来往大唐的固定口岸。之所以如此，一个关键的因素就是九世纪中叶以来，以明州港为基地的民间海上贸易十分活跃，当时把活跃在东亚海上进行贸易的中国商人称作"唐商"。这一时期，作为"唐商"核心的"明州商团"开始登上舞台并扮演重要角色，李邻德、李延孝、张支信等海运商团都是明州海商中著名的海运商团，是东亚贸易中的骨干力量。

伴随着明州商团的日趋活跃，以上林湖为中心的越窑产品通过贸易被销往海外，为王公贵族所追捧。唐代中后期，形成了从明州通向海外的"陶瓷之路"，北达高丽（朝鲜），东至日本。南经广州，通向两条路线，一是向东南，通向菲律宾、马来西亚诸国；另一是向西南，沿海岸至越南达泰国、缅甸，经孟加拉湾，到印度、巴基斯坦，以至直抵波斯湾和地中海沿岸的伊朗、埃及等。"陶瓷之路"是中世纪中外交往的海上大动脉。因瓷器的性质不同于丝绸，不宜在陆上运输，故择海路，这是第二条"亚欧大陆桥"。在这条商路上还有许多商品在传播，如茶叶、香料、金银器、书籍……

宁波不仅将越窑青瓷输出海外，也将越窑青瓷制作技术向海外传播。大约在10世纪初，宁波越窑青瓷产区的工匠，来到高丽全罗南道的康津郡，指导并参与砌造龙窑，使得朝鲜半岛很快掌握了制瓷技术，生产出了与越窑青瓷文化内涵相近的高丽青瓷。

宋代是中国古代市舶司制度最健全、功能发挥得最正常的时期，它使万千舟船、各路客商的活动变得井然有序。雍熙四年（987年），政府在杭州设置两浙市舶司，淳化元年（990年）迁至明州，次年又迁回杭州。咸平二年（999年），政府于明州再设一个市舶司，杭州、明州市舶司并存时代由此开始。神宗元丰二年（1079年）"诏立高丽交易法"规定：明州是赴高丽、日本等国海外贸易的唯一合法港口。

宋代明州海运码头设在三江口的奉化江西岸，也就是江厦街沿江一带。宋代明州市舶务设在城内东渡门之南，市舶务东侧有城门"来安门"，门外建有办理外国舶商签证之处的"来远亭"。

政和七年（1117年），宋朝政府在明州创设"高丽司"，管理与高丽有关事宜，并建"高丽使馆"，以应使者往来之需。东海之滨的明州，一度成为两国使节往来的唯一港口。高丽使馆是宁波"海上丝绸之路"的重要文化遗产。宣和五年（1123年），由路允迪、傅墨卿率领的北宋使团，乘坐明州打造的巨型"神舟"，出使高丽国，这是两国官方交往中规模最大的一次。宋代明州依靠连通内陆运河和陆路交通，连接长江黄金水道等区位优势，为海外交通贸易发展奠定了良好的基础条件，不仅是中央政府面向东亚的政治交流门户，也是商品经济从内陆向海洋，从区域市场向近海市场扩张的桥头堡。从北宋末期到南宋一代，明州港迅速发展成为中国三大海外交通港口之一，成为中国东南的国际大码头。

元帝国建立后，元世祖忽必烈曾再三派遣使者诏谕日本来元朝贡,日本自恃与元朝远隔大海,对傲慢的蒙古人根本不加理睬,这使忽必烈十分恼怒,两次出兵东征日本。其中一次是1281年,忽必烈命令元军分东路军和江南军两路向日本进发,而江南军共10万人分乘4000余艘大小战舰,从庆元(今宁波)出发,进攻日本。两次东征日本都因遭遇巨大台风而失败。后来,元朝改用怀柔政策,允许与日本贸易,希望使其"慕华自朝"。1976年发现于韩国新安海底的元代沉船,是一艘由庆元港(今宁波)开出,途经朝鲜,前往日本京都东福寺的贸易船,这是迄今发现的元代东亚最大的贸易船。发掘打捞的遗物总共有23502件,是二十世纪世界考古史上一次惊人发现,再次证实元代庆元府(宁波)是"海上丝绸之路"的始发港。

　　明初的海禁政策使得私人"寸板不得下海",外商艰于来华经商,港城宁波在明代的海禁中扮演了十分特殊的角色,宁波港是中日勘合贸易的唯一港口,再加上以双屿港为代表的走私贸易,推动着海上丝绸之路继续发展。

　　清代中晚期海禁废弛后,宁波港海运发达,贸易兴盛,当时舟楫所至,北达山东,南抵福建、广东,并沿长江,将四川、湖北、江西、安徽等地的商品,运集宁波,商人们仿效元代海外贸易的做法,重兴海运。清代设在宁波的浙海关是当时全国四大海关之一。

　　宁波在开辟海上丝绸之路历史过程中,创造了灿烂的物质文化。虽经千余年沧桑,至今仍较完好地保存着东汉晚期至清代中期遗存120余处。其中,有10处遗存列入了《中国世界文化遗产预备名单·丝绸之路中国段(海路部分)》,这10处遗存是:元代永丰库遗址,宋代渔浦门码头遗址,唐—清州城遗存(鼓楼、天宁寺塔、天封塔、和义门瓮城遗址),唐代它山堰,北宋—清保国寺建筑,西晋—清天童寺、阿育王寺建筑,清代庆安会馆,明代天一阁,宋—清镇海口海防遗址。这些遗存较集中地分布在以宁波城为中心的近海和江河两岸，内容涵盖了宁波港口与贸易、城市建设、多元文化、海防设施等诸多方面，其数量之多、分布之密集、内涵之丰富，均为古代港口城市所罕见。

宁波港"东出大海，西连江淮，转运南北，港通天下"，具有运河城市与海港城市的双重特征。

【五】鼓楼千秋望海曙

海曙楼

明·沈明臣

太守新成海曙楼,风光胜绝古明州。
八窗晓射扶桑日,五夜晴披析木流。
戍鼓沉沉催万户,漏声点点滴千秋。
丹山赤水高深处,惟有甘棠咏蔡侯。

这是明代鄞县诗人沈明臣歌咏太守蔡贵易重修鼓楼的诗歌。诗句"戍鼓沉沉催万户,漏声点点滴千秋",说明鼓楼兼有报时和战防的作用。古时鼓楼设置了滴水计时的刻漏和大鼓,日常击鼓报时,战时瞭望敌情,击鼓报警。

沧海桑田,千年古城宁波至今保存了历史上正式置州治、立城市的城门标志——鼓楼,又称海曙楼。它位于海曙区中山西路公园路口,2011年被公布为浙江省第六批文物保护单位。鼓楼最早是建于唐长庆元年(821年)的子城南门,它是千年古城的见证者,历经多次修建。现存城上楼阁建筑是清咸丰五年(1855年)所建。顶层檐下有一黑底金字牌匾:"四明伟观";二层檐下有红底金字牌匾:"海曙楼"。有意思的是,钟表发明后,古代的刻漏和更鼓报时方法失去了作用,民国24年(1935年)经当地人士提议,在鼓楼三层楼木结构建筑之上,建造了水泥钢骨正方形瞭望台及警钟台,并置标准钟一座,既报时也报火警,这使得鼓楼建筑增添了一种西洋味。

在当今高楼大厦林立的宁波,要打开千年古城之门,鼓楼是我们探寻古城变迁轨迹的坐标,从这里,我们可追溯到唐代宁波城市初建之时。

唐大历六年(771年),鄞县迁治至今三江口。长庆元年(821年),治所设在小溪镇的明州城因"北临鄞江,地势卑劣",其腹地

有限,东山西水,交通不便,经过朝廷批准,也迁至三江口的鄮城内,开始营建作为衙署的明州城——子城。子城只是当时官府的办事机构驻地,老百姓都住在子城四周围。关于唐营造的明州子城,南宋《宝庆四明志》记载:"长庆元年,刺史易县治为州,撤旧城,筑新城,设有东南西北四门","城四周围四百二十丈,环以水"。据考古发现,明州子城为长方形,南北长约350米,东西宽约400米,南起鼓楼,北至今公园路,东起现军分区机关内,西至呼童街。

唐乾宁五年(898年),明州刺史黄晟又兴建了罗城(外城)。据黄晟的墓碑所记:"此郡先无罗城,郭民苦野居。晟筑金汤壮其海峤,绝外寇窥觎之患,保一州生聚之安。"这座外城周长18里,南宋《宝庆四明志》描述了当时城市的地形:"奉化江自南来限其东,慈溪江自西来限其北,西与南皆它山之水环之",共设置了十个城门,城墙为夯土包砖,地基使用松木搭建,克服了软土层带来的施工困难。筑罗城后,街巷增多,形成了从东渡门经乾符寺、子城南门（鼓楼）、国宁寺至西门连成一线的东西向的主干道（今中山东路江厦桥至中山西路西门口段），和鼓楼、镇明岭至甬水门的南北向干道（今镇明路段），此一横一纵成为古城的街巷骨架。

宁波老城，就此基本定型，此后宋朝到清末的城墙，都以唐罗城为基础，没有什么大变更。

唐以后，历朝对宁波的城墙都进行过修缮。

北宋建隆初明州节度使钱亿、元丰元年（1078年）明州知州曾巩、南宋宝庆二年（1226年）知府胡榘、宝祐五年（1257年）制置使吴潜都曾修过城墙，改圭角形门洞为券门洞。

吴潜还把十个城门定名为：西叫望京门，南叫甬水门，东南叫鄞江门，东叫灵桥门、来安门、东渡门，东北叫渔浦门，北叫盐仓门、达信门，西北叫郑堰门。其中，灵桥门得名于奉化江上建筑的浮桥——灵桥（即东津浮桥），而望京门因为朝向京城临安而得名。为了城市的发展，在城西的望京门、城南的甬水门，专门设置了水城门，主要目的是为了城市供水和水上交通运输的需要，方便船只出入。

宋代，鼓楼因宋太祖建隆元年（960年）置明州奉国军，也随之改称为奉国军门（楼），由太守潘良贵书"奉国军楼"额。宋仁宗庆历八年（1048年），新上任的鄞县县令王安石，特为奉国军楼的刻漏作了一篇《新刻漏铭》。其文曰："自古在昔，挈壶有职。匪器则弊，人亡政息！其政谓何？勿棘勿迟，君子小人，兴息维时。东方未明，自公如之，彼宁不勤，得罪于时。厥荒懈废，乃政之疵。呜呼有州，谨哉惟兹。兹惟其中，俾我后思。"这位著名政治家、改革家在铭文中表示要像楼中的刻漏那样"勿棘勿迟"，勤勉处理政事。

南宋高宗时，又改称鼓楼为"奉国军楼神祠"。传说宋高宗赵构被重兵追逐，逃到了明州鼓楼。当逃进鼓楼时，忽见唐"安

史之乱"时坚守商丘而殉难的五位将军——张巡、许远、南霁云、姚訚、雷万春,他们打着旗帜,穿着戎装,列队前来迎接。在高宗躲进鼓楼后不久,金兵追至楼下,只见蛛网密布,一片荒凉,以为必无人进入,遂往他途搜寻。由此脱逃的赵构便下诏追封鼓楼为"奉国军楼神祠",祠内置这五位将军像以供奉祀。

全国的城池大同小异,纵观宁波的城门,有一处在全国独具特色,那就是市舶门,这是中国最早的海关。"市舶",顾名思义,是"舶来品的买卖"机构,也就是政府外贸和海关两种职能的合并。唐代已经设市舶,只是没有详细的资料。宋初的淳化元年,也就是990年,先在镇海设市舶务,后移到州城的东南。这地方靠近甬江边上,建城的时候留出了一块码头区,从城墙上往下看,就能观看到码头热闹的景象。为了让码头的外国进口货物单独入关而不与灵桥或东渡门的国内物流相混,当时的城墙筑了一座专用的城门,称"来安门",而市舶门只是宁波老百姓对此门的叫法。来安门外的江边上有一座"来安亭",那是海关的稽查人员工作的岗位。外国的船只来到的时候,都在来安亭下验货,稽查人员根据货物的价值抽取关税。城门内就是市舶务的办公处,办公厅称为"清白堂",带有廉政警示的意味。厅堂的前后东西各建造了四座市舶仓库。那时的关税是直接抽取货物,大约粗色十抽一，细色十抽三，抽来的货物就成为国库收入，建仓存放。市舶门外，1191年建造了一座天妃宫，天妃就是福建船帮崇拜的妈祖。那时候，滨江码头区广东和福建船帮云集，航海的艰难使他们屡屡传说幸得于妈祖的保佑，于是就在码头边上建造了这座妈祖庙，这也成了市舶门外的一大景观。[1]

宋代子城衙署，在唐城基础上经过两次大修。第一次大修在北宋初，衙署的四周均有城壕，有的地方城墙塌崩，所以要进行修补加固；第二次大修是在南宋时期，来了一个彻底的改造，但子城衙署的周长、护城河仍依照唐代的形制。

元初，为防止汉人占城反抗，拆除了庆元府城和子城墙，但墙基仍然得到保留。元末，为防方国珍领导的起义军，庆元设浙东都元帅府，纳麟哈剌任元帅。在元帅府都事刘基的建议下，又在原有墙基上重修城墙。重修的城墙与原城墙大体相当，城门减为六座，为灵桥门、东渡门、和义门、永丰门、望京门和长春门。其中，望京门和长春门建有水门。庆元府所筑的元代城墙有个新特点，就是建造了窝墩。窝墩也称为马面，是突出于城墙表面的方块墙，上面设有敌楼，既可以驻兵，也可以瞭望两侧军情。同时窝墩也加固了城墙，这也是宁波筑城的一大进步。[2] 三年后，方国珍率领浙东农民起义军围攻庆元，纳麟哈剌投降，庆元成为方国珍的据点。

明代宁波城墙仍然延续着前朝的范围，在洪武、嘉靖、万历、崇祯年间，曾五次重修宁波府城，却未恢复子城。由于倭患，宁波城墙的防御功能大大增强。嘉靖三十五年（1556年），宁波城墙大修，6座城门分别修建瓮城，新建斥堠66个，这是一种位于前沿的侦察堡垒。明代朝鲜人崔溥《漂海录》对宁波城的城门进行了描述："宁波府截流筑城，城皆重门，门皆重层，门外重

---

[1] 周时奋，《宁波老城》，宁波出版社，2008年12月。
[2] 戴骅，《宁波古城墙探秘》，《宁波晚报》，2007年12月23日。

图③ 庆云楼旧影

③

城,水沟亦重,城皆设虹门,门有铁肩……"说明城门外设有瓮城与城门。万历三十九年(1611年),又新筑沿月湖至长春门的城堤。崇祯十四年(1641年),城西南角修建了用于警报的木制钟楼,称庆云楼,民间称八角楼。鼓楼也经过数次重建。明宣德九年(1434年),太守黄永鼎在唐、宋旧址上重建鼓楼,楼上正南面题名为"四明伟观";北面悬额"声闻于天"。万历十三年(1585年)鼓楼倾圮欲堕,太守蔡贵易重修时,采用了唐代诗人杜审言《和晋陵陆丞早春游望》诗中"独有宦游人,偏惊物候新。云霞出海曙,梅柳渡江春"之句意,改"四明伟观"为"海曙楼"。这一名称是宁波市海曙区区名的来历。

清朝也在顺治、康熙、雍正、乾隆、嘉庆、道光、咸丰、同治年间十次修城。明清以来,宁波府衙署和鄞县县治同在宁波城内,后来比府高一级的宁绍台道政府,也设在宁波城内,因此宁波城市的规模,比其他府县要大。清朝时期,城墙周围有2527丈长,城脚宽22尺,城上宽15尺,高22尺(按清朝工部尺计算),是宁波城池规模最大的时期。东面有东渡门、灵桥门,南面有长春门,西面有望京门,北面有永丰门,东北面有和义门。每个城门外面再包围一层半圆形的城墙,叫作月城,也叫瓮城。城上有城楼,也叫门楼。门楼以外,还有46个敌楼。敌楼是城墙上御敌的城

图④ 近代宁波港

图⑤ 1862年5月10日英军舰Encounte号炮轰宁波东门图

楼,也叫谯楼。城上还有雉堞3564个。雉堞俗称城耳朵,四方形,当中有洞,供守城者在洞中放枪、射箭时用来掩护身体。还有警铺65所,是战争时供巡逻的士兵居住用的。城外还有濠河(护城河),濠河上都架板桥,平时可供交通,战时就把板桥挂起,所以也叫吊桥。

1841年10月,定海、镇海、宁波在第一次鸦片战争中失陷,英军占领宁波城。道光皇帝任命皇侄奕经为扬威将军收复定海、镇海、宁波。奕经从各省调来标兵一万余人,募勇二万余人,于1842年3月10日打响收复宁波的攻城之战。清军在鼓楼城下遭到英军伏击,又在长春门遭到埋伏,伤亡惨重而失败。第一次鸦片战争结束后,1844年1月1日宁波正式开埠,指定江北岸为外国人通商居留地,英国派驻领事,取得领事裁判权。法、美、德、荷兰、瑞士、挪威等国亦随之设领事、副领事,日本派驻使者。

1850年末至1851年初,中国历史上著名的太平天国反清运动爆发。1861年底,太平军进攻宁波城,并从长春门攻入宁波城。太平军在宁波建立了长达半年之久的政权,实施了一系列措施,整顿社会秩序,恢复和发展工商业,坚持独立自主的外交政策。次年5月,在英国和法国军队的帮助下,清军实施反攻,

太平军退出宁波。

清末,宁波城墙日渐废弛,东渡门曾一度成为游乐场"旭日东升楼"的所在地,后由于时局动荡游乐场关门。1920年,宁波成立市政筹备处,计划拆除城墙以拓宽道路、畅通交通。1923年,宁波瓮城被拆除。1924年,灵桥门、东渡门被拆除。剩余城墙也基本在1928年至1931年间被拆除,仅剩鼓楼与庆云楼。而庆云楼在1956年的"八一"台风中严重损毁后,于1958年拆除,故城墙现今唯鼓楼独存。

拆除城墙后的墙基被用于修筑环城马路,即今东渡路、和义路、永丰路、望京路、长春路和部分灵桥路。城砖则一部分被用于修建环城马路,一部分被用于民居和农村建设。美国医生兰雅谷无偿获得相当大一部分城砖,用于修建华美医院。而时任国立北京大学教授的马廉,趁回老家宁波之际,搜寻抢救了上千块有价值的城砖进行研究,并捐献给天一阁,现存于天一阁博物馆"千晋斋"中展览。"千晋斋"里面的城砖,有大量汉、晋、六朝铭文纹饰的墓砖,以及唐、宋、元、明、清等朝代专门烧造的有纪年铭文城砖,包括刻有"唐大和七年"、"宋故仁和知县"、"洪武七年"、"嘉靖三十四年"、"清道光廿五年城砖"等文字的形制各异的历代城砖,见证了宁波城修筑的历史。那么,城砖里为什么会有汉、晋、六朝时期的墓砖呢？据推测，因各种原因，宁波古墓破坏严重，唐以后历代修建城墙时，有时因城砖数量不够，就捡拾墓砖来充数。

到20世纪80年代末，鼓楼因年久失修，已成"危楼"。1989年4月，宁波市政府拨款35万元，对鼓楼进行大修，至次年6月完工。目前整座城楼占地700多平方米，总高约28米，共分7层，城高8米多，门道深16米，门宽6米，为石砌拱形门。其东北依城墙设有踏道，可拾级登上城楼。楼为五开间，三层木结构重檐歇山顶，气势雄伟，成为宁波千年古城的地标性建筑。

【六】

老城街市沧桑变

近年，宁波市为保存城市的历史风貌，开展南塘河历史街区保护建设。2012年4月17日，宁波市文物考古研究所经过4个多月的抢救性考古发掘，让一处始建于宋代的古代明州的重要水利设施——长春塘重见天日。这是宁波首次发现宋代石塘遗址，还由此确定了明代南塘河东岸岸基，对再现南塘河历史街区古代地理风貌有重要参考价值，为研究古代宁波的水陆交通、水利工程设施以及城市发展史提供了重要的第一手实物资料，同时也为宁波大运河申遗关于宋、明时期的水利设施提供了历史实物。长春塘由塘体、木桩、古河道等几个部分组成，是个约17米长、11米宽的遗址，石塘中有一排东西走向的木桩，一侧则是"丁"字形排列的石条，塘体边缘是由黏土和瓦砾层层堆叠而成的。塘体略呈弧形，往南侧凸出。古河道原来通向奉化江。

这个看似普通的石塘曾经见证了宁波"三八集市"的繁华。南塘河历史街区位于宁波老城南门"长春门"之外。明清时期，宁波古城南门有长春门和甬水门，甬水桥下的南塘河和东边的南郊路是宁波府城通往鄞县西乡、奉化县乃至台州府的水路要冲，船来人往，通宵不绝。数百年间，该地区是南门外盛极一时的商业中心，人称"南门三市"。所谓南门三市，是明代天顺二年（1458年），确定"甬水桥里"的"南塾墟"逢三逢八为市集，称"长春门外南郭市"，俗称"三市"。旧时每逢农历初三、十三、廿三，来自城南四乡的舟楫，满载当地的土特产来此进行集市贸易。"三市"是当时城内最繁华的集市，一直延续至今。民国《鄞县通志·文献志》关于城厢乡风礼俗有这样的描述："南门有三市，西门有八市。三市多竹木畜类，有事之家率于此以购鸡鹅鸭；八市则多蔬菜行，盖皆由余姚及鄞西乡而来也，船舶争集，人民杂遝，夹道商铺，鳞次栉比，一如江东。"作为宁波最古老、最繁荣的农贸市场，南门三市堪称甬上商贸文化的源头。如今，在保

图① 南塘老街

护与还原南塘老街原本的建筑格局与自然景观的基础上，打造出了集历史古迹、旅游观光、文化休闲、宁波老字号、宁波名优特产、民俗特色于一体，展现宁波江南水乡文化的特色商业街区。从这里，我们可以探寻宁波老城街市的风貌。

从"坊市制"到"坊巷制"

中国古代官府对城区规划和市场管理的制度，从西周到唐代，城市建置的格局，一直是实行"坊市制"，市（商业区）与坊（汉代称里，即住宅区）分设，市内不住家，坊内不设店肆。市的四周以垣墙围圈，称"阛"，四面设门，称"阓"。市门朝开夕闭，交易聚散有时。市的设立、废撤和迁徙，都由官府以命令行之。市内店铺按商品种类区分，排列在规定地点，称为"肆"或"次"。政府设有管理市场的专职官吏，历代名称不同，如司市、贾正、市令等，其职掌基本类似。举凡上市商品、参与交易的人、度量衡、交易契据以及价格的评定、市税的收缴等，都在市官的监督和管辖之下。在市内营业的商人，秦汉时都有市籍，需缴纳市租，其社会地位较为卑贱。自京城以至郡、府、州、县均各有市，同样设有市官进行管理。这种制度是适应统治阶级为维持封建秩序的稳定而形成起来的，同时也反映了当时商品经济发展程度较低。

自唐代开始，中国城市打破了封闭的"坊市制"，开始实行开放的"坊巷制"，摆脱了里坊围墙的限制，容许商店直接面向街道，商业活动不再受到时间约束。街巷成为交通与商业交融的线形公共空间，街道宽度也适应这种变化而大为减小。宁波罗城始建于唐朝末年，正值中国的"坊市制"式微之时，其街道基本是开放的、以街为市的"坊巷制"格局。北宋王安石在任鄞县知县时，整顿了城市的"坊市制"，这说明在王安石所处年代之前，宁波城的"坊市制"已经建立，只不过制度有些宽松。据南宋《宝庆四明志·郡坊巷》记载，宁波城内共51坊，其中东南厢14坊，东北厢9坊，西南厢15坊，西北厢13坊，在城东北集中设置有几处市。坊与市分离、商与民分离的"坊市制"在宋代的市场经济冲击下逐渐瓦解。南宋时期，宁波作为京畿之地，城市人口急剧增加，市场也打破了原来封闭式的局限，逐步扩展到整个城市的街道。最典型的是城东东渡门内地段，城东临江的江厦码头是南北物资集散和贸易地，使得这里"商船辐辏，八方通衢"。与城外码头相通的东渡门内本来就集中了"坊市制"时代的专门市场——大市、中市、后市，大市在县治前东牌坊至西牌坊；中市在县治东按察分司前；后市在县治后魏家巷，北至干溪头。再加上城外码头的商业向城内扩散、蔓延，于是，以东渡门内的东大街（今中山东路）为轴，形成了宁波老城最热闹的"寸金地段"，商号鳞次栉比。同时，随着宁波港口的发展，城区向奉化江、姚江两江对岸拓展，通过对江东甬东市、米行街、卖饭桥等路段的改造、拓延，建成隔江与灵桥门贯通的百丈街，商贾集聚，连店成街，形成了江东商业中心。并以此带动街后腹地建筑发展，形成打铁弄、木行街、铁锚街、扁担巷、划船巷等行业类聚的街巷。南宋古城区内人满为患，一些居民，包括世居城内的大族，选择城外交通方便、自然环境优越的地方营建居住点。这样，就促进了江东等地块的发展、繁荣，这些地方虽属城外，但日趋城市化，明州城实际上已东扩。到元代又在江东设军事机构，称"甬东巡检"，从此甬江东岸军民杂处，人口益增。

元政权的庆元路沿袭了宋代四厢的格局，四厢又细分为130个"社"，并形成以"社"为基本单位的居民组织模式，代替了原来的"坊"。"社"即土地神，是民间崇拜的社火。在一个神社建立一个土地庙，附近的居民由此形成一种以信仰为纽带的精神组织。相对于南宋时的51坊而言，元时"社"的规模显然大大缩小了。"社"较之于"坊"是一种松散和开放的规划和管理单元，其规模的缩小意味着城市街道网密度的提升。[1]

明清时期，宁波城内街道数量在元代的基础上不断增加，城市居民组织愈加松散，常以住宅所处的主要街巷来划分，没有非常明确的行政关系。明代宁波城内有大街共9条，小巷仍以一城四隅来划分，东南隅45巷，东北隅34巷，西南隅54巷，西北隅30巷。清后期的城内有大街27条，弄巷129条。与明代相比，清代的宁波城市街巷，大街增加了18条，小巷反而减少了34条。究其原因，大街增加应是城市商业发展的需要和结果，如药行街，明代称砌街，东自车桥，西至新排桥。清代乾隆年间改称三法卿坊街，民国时因药行众多而得名为药行街。在这条不太长的街道两旁，曾经开设过五十多家大小药行，云集着全国各地

---

[1] 邱枫，《从双格网到单格网——宁波老城街道网、水网格局的演变》，《规划师》，2008年第2期。

图② 20世纪40年代宁波药行街

图③ 20世纪40年代宁波东大街（即今中山路）

图④ 外滩新马路旧景

前来交易的药商，[1] 如今其仍是宁波城内一条繁华的商业干道。同时，大街增加也是城市主干道路交通发展的标志，传统城市以步行、马车等非机动交通为主要形式的城市交通，能够带来旺盛的人气，并常与城市商业相互促进，因此商业主街往往也是交通主街。巷弄减少一方面是由于建筑之间的粘连、扩并而吞没了小的巷弄，另一方面是由于许多原来相互阻隔的小巷贯通，构成了前后串连、左右畅通的街巷网络，形成了城市街巷肌理更为细密、而巷在数量上反而减少的局面。

开埠通商迈向路街格局

1844年1月1日，宁波正式开埠，英、法、美等国在江北岸设立领事馆。1850年，他们在江北一带强行圈划大片土地作为外国人的居留地和商埠区，虽然没有签订协议章程，但清政府已经默认了外国居留区存在的事实。1860年，宁波港的年进出口贸易总额达到1000余万两银子，对外贸易刺激了城市商业的繁荣。据记载，宁波城市自开埠通商后，"百货咸备，银钱市值之高下，呼吸与苏杭相通，转运既灵，市易愈广，滨江列屋皆商肆"。随之，城市商业不再只是农副产品、手工业产品的流通和交换，越来越多的是工业品的流通和交换。与此相适应，经营工业品的洋广百货业应运兴起。1862年（同治元年），舒天成德记百货店在宁波东门外开业，这是浙江最早的一家百货业。接着又在东门大街出现了大有丰洋货店。其后，新兴的玻璃店、五金店、钟表店、眼镜店、纸店等相继在城区开设，并因此而在江厦、东门大街、西门大街等形成了繁华的商业区。

与此同时，近代交通业在城市得到了较快发展。由于江北

---

[1] 李政，《宁波旧日的街道街区》，宁波市政协文史资料委员会，《宁波文史资料》第15辑。

图⑤ 1935年镇明路改建场景

岸引入西方先进的市政制度得到了较好发展,为宁波人带来相当大的启迪。至民国时期,为满足机动车交通和城市拓展的需要,宁波于民国9年(1920年)组织市政筹备处,拆城筑路、兴拓市场设施工程,拉开了近代市政建设的序幕。到1927年宁波正式设市前,城市的开发、建设和改造颇有起色,城厢人口达20余万,城市面貌日渐由过去传统旧型都市,向近代新都市发展。

城区改造的主要任务就是旧街的修筑和马路的开辟。民国时,市政府设计委员会制订了《建筑规划》,订定路街宽度,分14尺至60尺九个等级,巷弄分12尺、8尺、6尺三个等级。1925年,以拆城之城石和朱家尖条石翻修东大街。1927年改建公园路为城区第一条经沥青表面处理的路面。1928年,后马路、中马路、扬善路和药行街部分路段进行沥青表面处理。1929年,填里濠河新建东渡路,将滨江路、灰街、江厦街改为沥青路。1933年又制定了《整治城河计划》,决定相继填没淤塞河道17条,总长4157米。其中填平东门口至萧家桥河道拓宽中山东路,填塞镇明路后河拓宽镇明路,填平开明桥至三角地河道拓宽开明街,填平天封塔东河拓宽大沙泥街等。

经过全面的规范和整治,宁波老城的街巷结构得到完善,城市道路分为路、街、巷三个层次,路是经开拓后可供车辆行驶的城市主干道,其中环城马路是在拆除后的罗城城墙基址上建成的;街是在传统大街基础上发展起来的商业相对集中和繁华的城市次干道;巷则是居民街区的内部联系通道,为城市交通的支线。整治后的城市道路从清末的177条增加到498条,新增了1.8倍,其中有路41条(填河造路拓宽原有路面宽度而形成)、街95条、巷362条。可以说,民国时期是宁波老城内街道网络层次最分明、肌理最细密、数量最多、系统最完善的一个时期,是宁波老城街道网发展的巅峰期。有一首歌谣描述了民国时宁波街市的繁华情况:

三江口,冰船来往忙。
半边街,鱼行米行十几家。
糖行街,南货北货批发庄。
钱行街,大同行,小同行,放账放到上海港。
进东门,店面整齐大又高,
银楼金店首饰庄,金银成色牌子老。
绸缎店,绫罗绸缎满店堂,京广洋货来路广。
崔衙街,书店多。
泉家湾,绣花店,新娘头面式样好。
钉打轿,叮当叮当打铁忙。
药行街,朝西望,红木家具做工巧,
桶钵漆器有声望。
三法卿,石牌坊,棺材店,好几爿,

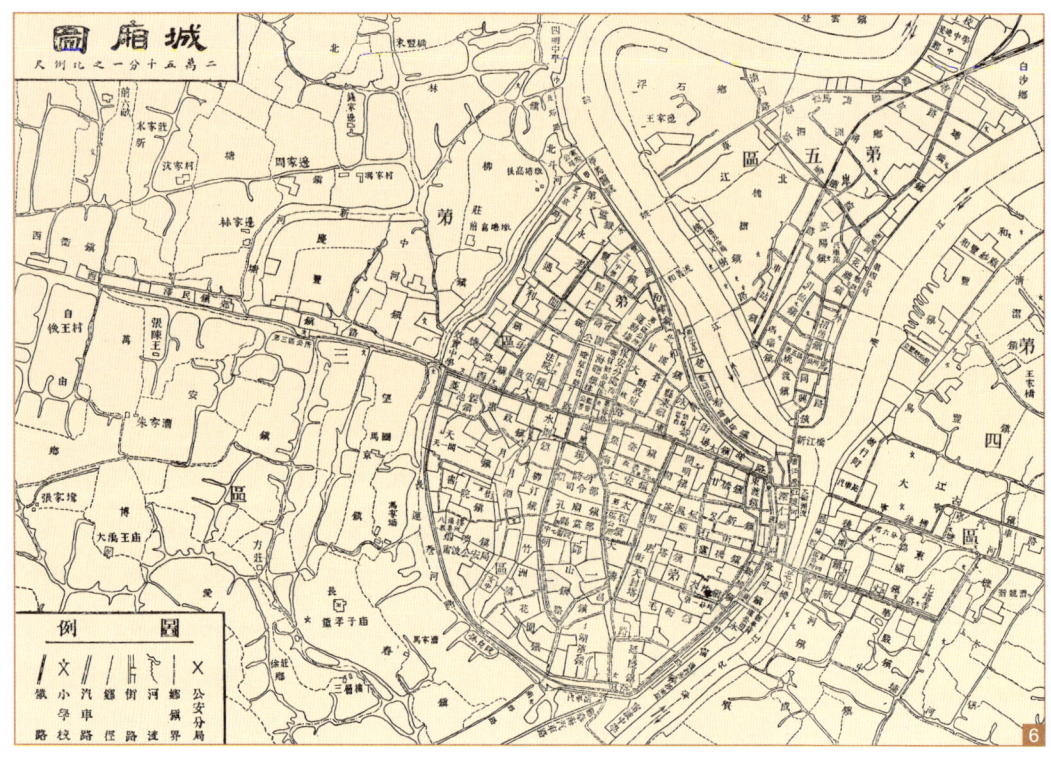

图⑥ 民国宁波城厢图

杉木、楠木加沙枋。
朝东望，药店药行排两旁。
天主教，育婴堂，十个进去九个亡。
灵桥门，过江桥，江东也是好地方。
百丈街，通东乡，灰场过去是大校场，
航船埠头航船密密靠。
后塘街，牛骨行，蜈夫鳌，销南洋。
木行路，南号北号气势壮，
雕龙石柱也勿少，大小木行福建帮。
回头再把江北岸唱一唱。
过江桥，首先看到天主堂，
大自鸣钟外国造，大英公馆海关旁。
沿江码头停货轮，来去上海顶便当。

新中国成立后直到 20 世纪 80 年代初,作为对台湾的海防前线,宁波城市建设一直处于被抑制而停滞的状态。1984 年 5 月,宁波被国务院批准为 14 个沿海开放城市之一,1987 年经国务院批准成为计划单列市,从此宁波进入了城市发展的快车道。这一时期,宁波城市的建设以政府主导和商业投资为主,整个地块乃至整个街区成片开发建设的模式开始占据主导地位,而不再是那种以单位自建为主、小块零星进行建设的模式。[1]

改革开放后,宁波城市形态发生了巨大的变化,由一座封闭的集中的传统府城,逐渐转变为开放的多区的现代城市,从"千年府城"到"六区并立",城市性质也由中国传统的城市演变成现代国际港口城市。

独具特色的"水街"

宁波的河网水系在城中拥有两个重要作用:一是作为沿河居民的取水点,二是作为城市的运输河道。水运是最便利和廉价的运输方式,水网在古代的地位相当于今天的公路网。正是水网作为运输河道的特殊功能定位,决定了水系与城市街道及居住、商业的相互关系。

在宁波老城里,街与河存在着三种组合形式。一种是"一河两街"的形式,即河流的两岸就是街道,船只在两街中间的水流中穿行,将货物运输给两岸街上的摊位或者商店,人行走在岸边,能同时看到河景和两岸的街景。这种形式在今天宁波还生动地存在着,鄞州区南部商务区有一条"水街",就是如此。第二种是"前街后河"的形式,即在许多商业街形成的地方,临河建筑了一长排进深不大的街面屋,街面屋正面面对着街道,背靠

---

[1] 邱枫,《从疏到密,从密返疏——宁波老城街道网密度的演变》,《规划师》2007 年第 11 期。

着河流，河流的对岸又是临河的大宅老屋，房屋将河流围合起来，河流被街面屋和大宅夹在中间，街上的人看不见流水，然而每当人们拐弯路过石桥的时候，就会猛然发现街面屋后面的景象——船把各商号需要的货物运至商号的后门，各商号也把批发的货物从这里装船运走。店家可能就住在河对面的大宅里，或者在那里设置了仓房，于是不少临河的商号在自家的后门架起了小桥，这些小桥一般都架得较高，以便于船只通行。

"前街后河"的形式在宁波城最为常见和典型，且多为繁华的、重要的商业街，如现在的中山路和镇明路，到民国前期一直都是繁华的景象。究其原因，一是在人口密集的城市里如果到处都是裸露的河流，于安全是不利的；二是城市的商业发展更加专业化后，货物的进出也更加频繁，于是人们便产生了使客流与货流在空间和视觉上分流的需求，而街与河一前一后，使得街面的购物人流与水面的货流得到了巧妙的区分，很好地处理了城、人、水的空间关系，使得商业、运输和人居和谐地组织在了一起。

还有一种形式，就是在安静的以居住为主的街区里，沿街有一条小河，两岸是清一色的临河屋宅、枕水人家，但只有一边河岸有一条石板小路，而另一边古宅的墙根就直接浸泡在水中。这些人家的后门都有一条石板小桥，或者是一座石砌的小埠头，如当年天封塔前的大沙泥街。因为是很小的浅流，不属于运输河道，所以小桥有时甚至只是一块横铺的石板，但这愈加凸显出居住环境的静谧。[1]

---

[1] 邱枫，《从双格网到单格网——宁波老城街道网、水网格局的演变》，《规划师》，2008年第2期。

星罗棋布的古桥

宁波古城之内河道纵横,河上架桥相通,古桥棋布,这也成为宁波古城的一大特色。宁波的古桥,既是水城的风景,也是承载古今、连通未来的文化遗产。据早在南宋宝庆年间(1225~1227年)的统计,其时宁波城内四厢的桥梁就多达120座。到1928年市政道路改造之前,桥梁更是多达227座。桥是水路与陆路的汇合点,桥与水网、街道网一起,构成了城市水、陆两张交通网。人们从陆路走街串巷,可以逛商店、访人家;从水路坐船荡舟,可以运货物、看街景。人们利用四通八达的河流,能到达城市的各个角落。虽然在后来大量的填河造路过程中,许多桥被拆毁,但桥却在宁波这座城市的许多街巷名中深深地烙下了印记。经统计,1990年宁波老城区的街、路、巷、弄名称中,以桥名命名的有70条,占总数的13.18%,桥在这座城市的重要性由此可见一斑。桥梁从建筑特色分,有廊桥、石拱桥、梁桥、特型桥等,这些古城中的桥梁虽有不少已经被拆除,但仍有相当大一部分因交通需要依然保存,或改建、或重建。许多桥梁在宁波城市发展史上,有独特的意义和影响。

首屈一指的当是标志着古城向江东拓展的"灵桥"。唐代明州刺史应彪于长庆三年(823年),为沟通州城与甬江东岸交通,在东渡门外建造了宁波历史上第一座跨江浮桥。当时浮桥连舟16艘,用篾索连结成排,上铺木板。后因东渡门外江阔水急,难以定位,两年后浮桥移至现今的灵桥位置。据说当时桥建成时,老天显灵,云层中映现彩虹,因此大家将桥起名为"灵现桥",又称"灵建桥",后简称"灵桥",至宋代更名为"东津浮桥"。后民间亦称"老江桥",以区别于在姚江末端濒三江口处所建的另一座浮桥"新江桥"。灵桥位处闹市,历代盛况不衰,宋代王亘《登

《灵桥门晚望》诗写道："恩波和气两溶溶，万户楼台紫翠中。渡水虹霓轻缥缈，隔江牛女淡朦胧。真仙路指三山近，粒食人歌四季丰。旌旆欲归归未得，满船风月载渔翁。"描绘了一个美丽的鱼米之乡的情景。千余年间，浮桥屡修屡坏，屡坏屡建。1934年5月，在上海旅沪宁波同乡会主持下，由英籍和本国工程师共同设计，德商西门子洋行总承包建造拱桥，至1936年建成。新建的灵桥为三联钢骨环洞式单跨拱桥，长132米，跨度97.5米，桥面离最高潮位3米，设计合理且颇具预见性。桥东西额顶分悬"灵桥"两字，为著名书法家谭泽闿所书。有陈宝麟撰文、赵时棡篆额、沙文若（即沙孟海）书的《重修灵桥碑记》。灵桥是我国第一座钢梁单孔环行桥，成为现代宁波城市的象征，至今也是宁波城市标志性建筑。

另外一座标志城市向北拓展的是"新江桥"。它横跨余姚江之上，牵连江厦街，北接江北区中马路，是宁波城内连接江北岸的主要交通咽喉。新江桥于清同治元年（1862年）由英国人出资建造，原为18艘木船连排浮桥，英国人收过桥费每人每次四文。因其时已有老江桥（即东津浮桥），故取名"新江桥"。新江桥在历史上发生过一场惨剧：同治八年（1869年）春，宁波城举行热闹的迎赛"都神会"，祈祷国泰民安，风调雨顺，五谷丰

⑧

登。整个行会途中，人山人海，但英国人仍然索取过桥费，引起民众抗争，不幸桥断，溺死了400余人。这一惨痛事件激起了宁波人的义愤，大家决心要从英国人手里夺回桥的主权。光绪三年（1877年）夏，宁波人陈鱼门捐资赎回了桥主权，取消了行人过桥费。新江桥至1970年也改建为永久性水泥钢筋混凝土桥梁，并起名"反帝桥"，1977年"文化大革命"结束后恢复"新江桥"旧称。

在宁波古城的西门外，则有一处叫"高桥"的桥梁，在宁波建筑史、军事史、运河史、民俗史上都有重要的历史文化价值，这里曾经取得载入史册的南宋抗金"高桥大捷"。高桥位于宁波市鄞州区高桥镇高桥村，地因桥名。它始建于北宋，南宋宝祐四年（1256年）冬，由大制使判府事吴潜重建，现桥为清朝光绪八年（1882年）重修。该桥为一座单孔石拱桥，以高大得名。宋人袁商《重建高桥记》记载：桥横跨西塘河，南通晋家桥，北通大西坝村，自昔由杭、绍来甬为必经之路。高桥全长28.5米，面宽4.68米，拱洞跨10.3米，孔高6.8米，并筑有1米宽纤道。洞高、孔大是它的特点，有"船舶过往而风帆不落"之说。桥洞上方两侧各有石匾一方，北刻"指日高升"，南刻"文星高照"。在南北两边各有一副对联，其中南联是："巨浪长风，想见群公得意；方壶圆桥，都从此处问津。"寓意要去京城为官的文人士子，都要经过高桥。当然，高桥的名声之高，还是因为著名的"高桥大捷"。1130年（南宋建炎四年）1月16日，金兵攻陷南宋都城临安（今杭州），高宗赵构为避金兵逃到明州，金朝名将兀术闻赵构在明州，派遣阿里蒲庐率4000骑紧紧追袭。赵构决定向海上逃逸，并派浙东制置使张俊御金兵于鄞西之高桥。2月9日（除夕），金兵追临明州城西高桥。金兵的优势在于骑兵，如何让金兵的战马"马失前蹄"呢？张俊见当地民间多织草席，于是派兵敛取，在高桥和附近的要道上巧妙地铺上几千条鄞县特产草席。金兵战马踏上草席，因草席溜滑，个个人仰马翻。宋军奋勇杀敌，中军统制张宗颜破敌前军；武经大夫夏荣身中十八枪，鲜血染红战袍，仍然勇力奋战；主管殿前司公事李质率所部乘舟来助；知州刘洪道领州兵在旁边放箭射击。各军通力协作，金兵大败，宋军最后取得了高桥之战大捷，被历史学家赞誉为"宋高宗中兴第一捷"，高桥亦因之而名扬四海。人们为了纪念草席抗敌有功，还给它另起名字叫作"滑子"。草席至今仍是宁波鄞州区的地方特产。

〔七〕人文昌盛传佳话

宁波历代人文荟萃，人才辈出。自唐至清中进士者2432人，其中出了12个状元，另有数万名举人和数十万名秀才童生。北宋的杜醇、杨适、王致、王说、楼郁"庆历五先生"开四明学术先声，南宋的杨简、袁燮、舒璘、沈焕"淳熙四先生"开创"四明学派"。宋元间，王应麟开考据学之先河，撰《三字经》启蒙读物流传后世。黄震治学主张知先行后，开"东发（黄震字东发）学风"。明代，有在"靖难之役"中宁遭灭十族而不屈的著名大儒方孝孺；王守仁阐发陆九渊的心学，晚年主张"致良知"学说，开创"姚江学派"（也称"阳明学派"），其弟子又分为七派，一度风靡半个中国，该学说还流传到日本、朝鲜半岛和东南亚等地。至明末清初，对中国学术文化起过巨大影响的启蒙主义思想家、史学家黄宗羲开创了"浙东学派"，主张"经世致用"。他晚年讲学甬上，其弟子万斯同、万斯大及以后的全祖望、邵晋涵等人对他的学说予以继承发扬。

儒学教育兴文脉

"问渠那得清如许？为有源头活水来。"这是南宋著名理学家、思想家、教育家朱熹《观书有感》中的诗句。那么，追溯宁波文脉兴盛的源头和底蕴，是什么造就了一代代文化名人呢？根本原因在于唐宋以来蔚然成风的儒学教育。

先秦至南北朝时期，宁波的地域文化长期处于缓慢的变化状态，没有融入中原文化（儒学）。这是由于宁波负陆面海，远离皇城，政治环境较为宽松，受礼教的约束不强，严重削弱了宁波人对政治连同仕途的关注热情，造成宁波人"官本位"意识较为淡薄，而多以世外自然、特立独行为其本位，积淀了根深蒂固的边缘意识和自我中心意识，从而铸成了从古老的吴越文化中升华起来的一种超脱物役的文化人格。[1]

这一时期的文化教育,以家族传承为主。比如宁波余姚的虞氏家族,"自东汉至隋唐,历八朝,风光了二十代,出了不少政界要人,也出了不少文化名人。据统计,虞氏家族有二十人留下了著作,共计66种2000多卷。其中,虞翻的经学、虞预的史学、虞喜的天文历算学、虞世南的书法,史家尤为瞩目"[2]。

到了唐代,唐高祖于武德二年(619年)下诏国学立周公、孔子庙各一所,四时致祭,此后"庙学合一"在全国成为定制。贞观元年(627年),唐太宗诏令"天下学皆立周公、孔子庙"。后来又停周公祀,专祀孔子,尊孔子为"先圣",并诏州、县学皆作孔子庙。

唐开元二十六年(738年),设立了明州,当时明州和鄮县的治所都在四明山下之小溪镇(今鄞江镇),并且分别设立了"庙学合一"的州学、县学两级儒学。这是宁波官办儒学教育的开始。

北宋天禧二年(1018年),知州李夷庚将州学从小溪镇移于子城东北一里半的孔庙(即今解放北路体育场址)。同时,拨城西南灌顶山万余亩田给州学作为养士经费。这时所建的州学,殿后造明伦堂,前浚泮池,规模初具。州学设教授一人。

北宋庆历年间,中央政府诏令天下办学,传统儒学开始牢牢扎根于宁波沃土之中。在宋时儒学昌盛,学风大开,人才辈出的社会背景之下,四明兴学绩效显著,逐渐化解了边缘意识和自我中心意识。庆历七年(1047年),27岁的王安石出任鄞县县令,这是王安石跨出社会改革实践的第一步。在鄞县县令三年任上,王安石兴办教育,劝民入学,并延聘当时的名士杜醇、楼郁掌教鄞县县学,县学时有学生两百余名。与此同时,杨适、王说、王致

---

[1] 张如安,《略论北宋"庆历五先生"对宁波的文化贡献》,《中共宁波市委党校学报》,2008年第2期。

[2] 钱茂伟,《宁波历史与传统文化》,宁波出版社,2007年。

也在大隐、鄞江等地创立书院，传道授业，一时甬上学风大开。杨适、杜醇、王致、王说、楼郁五位学者史称"庆历五先生"。他们带动了民办书院教育的兴起，同时也反映了宋初学术与教育相结合的特点。"庆历五先生"为宁波留下了一笔宝贵的精神财富，他们所开启的"耕读传家、商儒并生"的传统，绵延千年，影响深远。

1130年（南宋建炎四年）2月，金兵陷明州并毁州学，只存孔圣殿。郡人林因"携眷浮海在外"，幸免于难，他一回家，不顾自己急需修房，即捐钱数十万修州学，这是宁波历史上捐资兴学的最早记载。绍兴十九年（1149年），郡守徐琛于明伦堂后建稽古堂，收藏高宗所颁"御书"、经、史于内，称御书阁，此为明州州学所设最早的藏书楼。淳熙三年（1176年），于州学建射圃，这是明州最早的学校运动场。庆元元年（1195年），改明州为庆元府，州学亦改为庆元府学。南宋鄞县人王应麟编写了童谣体蒙读教材《三字经》"人之初，性本善。性相近，习相远。苟不教，性乃迁……"，对儿童进行学习、为人之道的启蒙教育，广为流传。20世纪80年代，《三字经》被联合国教科文组织确定为世界性启蒙教材。

元代至元十三年（1276年），庆元府改为庆元路，府学亦改为路学。庆元路学设教授、学正、学录各一人。元至元十九年（1283年）庙学均毁于战火。至元二十九年（1293年）建尊经阁，又创宾序斋，增达材、育贤二斋，共十斋。大德间（1297~1307年），又建土地祠。元初，鄞县人程端礼编写了教学程序《读书分年日程》，被元代国子监颁行郡邑学校，成为中国第一部由国家颁布的教学大纲。此教学程序在明代被儒者奉为准绳，清代曾刊刻广为流传。这是中国古代家塾详细的读经学文的教学计划，对当时及后来的家塾、书院及各级儒学都有很大影响。

明洪武元年（1368年），改庆元路为明州府，路学改为府学。

明洪武十五年（1382年），颁学规和禁例十二条，宁波府学镌立卧碑，置明伦堂之左，有不遵者，以违制论。府学设教授一人，训导四人。生员额初为廪生40人，后士子日盛，复取增广生40人，附学生若干人。明代宁波考取进士共计882人，就区域密度来说，位居全国第一。其中，余姚、鄞县、慈溪三县进士及第率最高。科举人才的培养，为宁波造就了一大批政治人才，他们分布于中央到地方的各级政府机构。

至民国元年（1912年），府学随府制而废。1929年，以旧射圃为市立运动场。次年，除大成殿（为古物陈列所）、教谕署（为场员办公室）及尊经阁外，其余均拆除，变卖旧材以充运动场建设经费。1935年，尊经阁也迁往天一阁。原府学故址后一直为市体育场。

因为鄞县县治在历史上一直附郭于府治，宁波府内一直有着一府、一县两座孔庙学校。县学孔庙遗址在现今宁波市第一医院内，县学历史发展情况与州（府）学差不多。州（府）、县学是礼乐教化的重心，也是应试中举之殿堂，更是古代宁波文化教育的主流。

宁波尊师重教的传统绵延千年，影响至今。"淳熙四先生"之一的袁燮以及明代心学大师王阳明等还被获准从祀于文庙，享有极高的声誉。

学派文人风骨奇

南宋迁都杭州,宁波作为近畿之地,迎来了文化的大发展大繁荣,并从此开始形成了具有地方特色的三大学派。其中南宋的四明学派出自江西陆学而有创新发展;明代的阳明学派对中国哲学乃至日本、朝鲜半岛影响深广;清代浙东学派的学术以史学为主,博大精深。我们从这些学派的思想主张那里,可以感知宁波地域的人文精神;从这些学派的奇士节操,可以感悟宁波城市的骨气风尚。

"云山苍苍,江水泱泱。先生之风,山高水长。"北宋名臣范仲淹在《严先生祠堂记》一文中,称赞东汉高士宁波余姚人严子陵的道德风尚像山一样高大,令人敬仰,像水一样长远,流芳百世。其实,这种赞美赋予以德育人的南宋四明学派的"淳熙四先生",也不为过。四明学派以宁波的四明山得名,具有鲜明的地域特征。宋代乾道初年(1165年),袁燮、沈焕、杨简与舒璘同入太学,切磋道义,揣摩学问,后共同师事陆象山(九渊),精研象山心学,深得陆氏"心""理"学说之精髓。四人后居宁波月湖讲学,发微四明学术之风,因他们主要活动在南宋孝宗淳熙年间,故被称为"淳熙四先生"。

四明学派重视心的作用,也就是重视人的道德观念和道德行为。甬上四先生学问都很渊博,但他们不空谈学问,而着重于德性的实践,连朱熹都认为"游陆氏之门者多践履之士"。杨简做官廉洁爱民,以德行政,说"政事不出于德,非德政也",他任富阳主簿、温州知府时,"厚实于民",民心悦服。《宋史》记道:"杨简之学非世儒所及,施诸有政,使人百世而不能忘。"在他离开温州时,老百姓家都立像纪念他。袁燮认为心是人之大本,人的贵贱不在于地位高低，而在于他心地是否高尚。心地高尚的人，地位虽低而人品是可贵的；心地卑劣的人，地位虽高而人品却是卑鄙的。袁燮为人忠信笃实，在朝立论公正，虽得罪权贵，并因之罢官也在所不惜，他在清代同治七年（1868）被从祀于文庙，也就是说从孔子一同享受拜祭，获得了极高的身后荣誉。舒璘一生诚实无欺，他说"势利之交出乎情，道谊之交出乎理，情易变，理难忘"，待人接物事事以道谊为重。沈焕一生没有做过一件亏心事，他说："昼观诸妻子，夜卜诸梦寐，两者无愧，始可言学。"如有过失，他严于自责，而不诿过于人。当面肯指出人之过，背后常扬人之善，虽贫穷但不轻易接受别人的钱物。

甬上四先生的道德学问，为南宋一时之人望，南宋杰出的抗元英雄文天祥曾题词赞誉道："广平（舒璘）之学，春风和平；定川（沈焕）之学，秋霜肃凝；瞻彼慈湖（杨简），云间月澄；瞻彼素斋（袁燮），玉泽冰莹。一时师友，聚于东浙，呜呼盛哉！"由此可见其影响之大。"淳熙四先生"弟子满天下，学术影响广泛，他们共同将南宋时期的鄞人时代推向了一个高峰，时有"满朝朱衣贵，尽是四明人"之语。

明代，宁波余姚出了一位能文能武的全能大儒王守仁，他开创"姚江学派"，成为明代显学。姚江学派因余姚有姚江流经而得名。由于他被贬贵州时曾居住于阳明洞，世称阳明先生、王阳明，故其学派亦称阳明学派。

王守仁继承和发扬了南宋陆九渊的心学，提出"心外无物"、"致良知"、"知行合一"等哲学思想，集中国古代主观唯心主义之大成，史称"王学"。其主要弟子与继承人有徐爱、钱德洪、沈国模、史孝咸等。王学以反传统面目，冲击着当时被封建统治者定于一尊的程朱理学，给僵化的思想界注入活力，对后来明清启蒙思想的形成、发展产生了极大影响。王守仁的哲学思想在明中叶以后传到日本，后来影响到明治维新时期的日本思想界，对日本的革新起了一定的积极作用。

王守仁一生经历充满传奇。他11岁前在祖父王伦培养下成长,后随父亲王华到北京任所,一度热心骑射,继又研习兵法。28岁中进士,任职于工部,后又担任刑部云南清吏司主事。

正德元年(1506年),武宗朱厚照继位,太监刘瑾弄权,王守仁因抗疏救援戴铣等人,称刘瑾等为权奸,被刘瑾廷杖,后关进牢房,不久被贬为贵州龙场驿丞。正德三年时,他的思想发生重大转变,突破朱熹格物穷理的"格物致知"说,认为所谓"理"就是人的心理,并在当地建立龙冈书院。贵州提学副使席书聘其主讲贵阳文明书院,他在此首次演讲"知行合一"说。

刘瑾被杀后,王守仁的仕途有了转机,历任南京刑部四川清吏司主事、北京吏部验封清吏司主事、文选清吏司员外郎、考功清吏司郎中等职,后升任南京太仆寺少卿,与弟子徐爱等人讲述他的"大学格物"新说与"知行合一"说。后经徐爱记录整理,成为《传习录》。正德八年,他至滁州督马政,讲学规模渐大,一度强调静坐,要求就思虑萌动处省察克治。正德十一年,升任南赣佥都御史,奉命镇压赣南农民起义。在军事镇压取得成功后,他强调思想统治,重视教化,提出"破山中贼易,破心中贼难"的思想,使赣南的统治秩序得到恢复。这期间他在赣县修建濂溪书院,刻印古本《大学》,印发《朱子晚年定论》,其弟子薛侃刻印了他的《传习录》。正德十四年,他升任都察院右副都御史,六月,奉旨督兵讨伐宁王朱宸濠在南昌发动的叛乱。他巧妙用兵,仅用35天即生擒朱宸濠。他从自己的经历中,总结了经验,提出"致良知"的学术宗旨,认为这是从百死千难中得来,若信得这三字,譬之操舟得舵。

明世宗继位后,王守仁被任命为南京兵部尚书参赞,封为新建伯。但此时他因遭到反对派的攻击、排挤,觉得官场险恶,便主动提出辞官回家。从正德十六年(1521年)到嘉靖六年(1527

图② 余姚阳明讲学处中天阁

年),王守仁过着退隐生活,其间他增订续刻《传习录》,修建稽山书院,其弟子创建阳明书院。嘉靖六年五月,朝廷又起用王守仁,镇压广西少数民族起义,造反首领得知王守仁带兵来讨,乖乖投降。为加强思想统治,王守仁在当地兴办南宁书院,建立思田学校,推行儒学。

王守仁是明代最著名的哲学家、教育家、军事家、文学家。他非但精通儒家、佛家、道家哲学,而且善于统军征战,是中国历史上罕见的全能大儒。他去世后被加封为"先儒",奉祀孔庙东庑第58位。

明末清初,有"中国思想启蒙之父"之誉的余姚人黄宗羲,创立了"浙东学派"。"浙东学派"也称浙江史学派。黄宗羲为明末清初经学家、史学家、教育家,他在政治上公开揭露和批判君主专制制度,指斥其为"使天下不得安宁"的罪恶之源,主张民权;在经济上他提出"工商皆本",提倡学术"经世致用",这些思想打破了封建社会轻商抑商的价值观,使宁波读书人在商业上找到了人生坐标,为近代宁波帮的兴盛奠定了思想基础。浙东学派除哲学、史学外,对天文、地理、数学、文学、艺术、宗教等方面都有研究,是清代最有影响的学派,其代表人物还有万斯大、万斯同、全祖望等。

羽人竞渡——宁波发展史话

图③ 黄宗羲像

黄宗羲也是经历坎坷之人。他的父亲黄尊素是明代万历年间进士，为"东林党"人。东林党是明代晚期以江南士大夫为主体的政治集团，遭到以宦官魏忠贤为首的阉党集团血腥镇压。黄尊素曾任监察御史，为阉党所害。明思宗即位后，黄宗羲身藏铁锥入京伸冤，审讯阉党成员时，他以锥击刺阉党成员许显纯、李实，殴打崔应元，声名四起，人称"姚江黄孝子"，明思宗赞叹其为"忠臣孤子"。明亡后，他率家乡子弟组成"世忠营"，拥鲁王抗清，前后10年，任兵部职方司主事、左副都御史等职。失败后归隐故里，授徒讲学，著书立说。康熙十二年（1673年），由于黄宗羲的道德、文章、学识、气节在当时普遍受到人们的敬佩，就连从不允许外姓人登天一阁的范氏族人，也破例允许黄宗羲登天一阁，成为外姓登上宝书楼的第一人。黄宗羲不仅阅读了天一阁藏书，还为天一阁藏书整理编目作出了贡献。康熙帝曾连续两次征召黄宗羲赴京任博学鸿儒，均遭拒绝，康熙帝便下令地方官员收录黄宗羲的全部著作。康熙帝欲修《明史》，再次想起黄宗羲，再邀他赴京主持史局，黄宗羲再次推辞。据全祖望《梨洲先生神道碑文》，宗羲不入史局，而史局大事必咨之，其所辩论，史局常依之"资笔削焉"。黄宗羲一生有《明夷待访录》《明儒学案》《四明山志》《南雷文定》等著作传世。

在浙东史学派中享有重要地位的万斯同，因"布衣修史"一事，成为宁波文人骨气铮铮的奇士代表。清人陈韶所绘《鄞江送别图》，描绘了万斯同、万言叔侄北上修《明史》，甬上证人书院学友、同谊为其送行饯别之事。

事情经过是这样的：万斯同有兄弟八人，都是黄宗羲的学生，其中万斯同得黄宗羲思想真传，他是浙东学派"甬上证人书院"的核心成员。康熙十七年，清廷诏请黄宗羲修《明史》，被黄宗羲拒绝，朝中大臣便推举万斯同为博学鸿词科，万斯同像他的老师黄宗羲一样，很有气节，也坚辞不就。后来，大学士徐元文出任修《明史》总裁，又荐他入史局。当时，黄宗羲觉得修《明史》，事关忠奸评判和子孙后世的大业，有万斯同参加，可以放心，便动员万斯同赴京。当时，凡进入史局的都任"翰林院纂修"官衔，享受七品官员俸禄待遇。万斯同遵黄宗羲嘱咐，上京后宁愿寓居于徐元文家，不要官衔，不要俸禄，以布衣（平民百姓）身份入史局，纂修《明史》，前后达19年，故有"四方身价归明水，一代奸贤托布衣"之说。万斯同非常熟悉汉代以下制度沿革和明代

史事。当时,参加纂修的官员有五六十人,他们每篇初稿写成后,都送给万斯同复审。万斯同每看完一篇初稿,就告诉纂编者,取某书某卷某页,有某事应当补入,取某书某卷某页,某事应当核实,无一谬误。徐元文以后,大学士张玉书、陈廷敬、尚书王鸿绪相继担任《明史》纂修总裁,仍延请万斯同修《明史》。

万斯同一生不慕名利,态度谦恭,与人交往都自称"布衣万斯同"。但京中上至王公下至学子,无不尊称他为"万先生"。他在京多次讲学,贯穿古今史实,评论中肯。

月湖人文底蕴深

作为国家级历史文化名城,宁波城市历史文化的核心在哪里?在月湖!

月湖,呈狭长形,如弯月,故名月湖,因位于宁波城西南,又名西湖,开凿于唐贞观年间,在古代占地南北约1160米,东西约130米,周围2430多米。南宋绍兴年间,湖上广筑亭台楼阁,遍植四时花树,形成了月湖上十洲胜景。这十洲分别是:湖东的竹屿、月岛和菊花洲,湖中的花屿、竹洲、柳汀和芳草洲,湖西的烟屿、雪汀和芙蓉洲。此外还有三堤七桥交相辉映。南宋《宝

图④ 鄞江送别图

4

庆四明志》里说:"四时之景不同,而士女游赏,特盛于春、夏。飞盖成阴,画船漾影,无虚日也。"时至今日,月湖仍然是宁波市区著名的人文风景名胜区。

月湖是四明学派的起源地,是浙东学术中心,是甬城历史文化的集聚和映照,至今,我们可以凭借流传下来的历代诗文、故事和古迹,想象古代月湖的人文盛事。月湖文化内涵丰富,积淀深厚,包含儒家文化、书院文化、藏书文化、水利文化、建筑文化、宗教文化、商贸文化、休闲文化等,璀璨夺目。在这里发生的事,从这里走出去的人,曾经对全国乃至世界产生影响。

为什么月湖会成为宁波古城的文化核心呢?这既与月湖地处城市中心、风景宜人等因素有关,也与古代哲学思想有关。

中国的文人墨客大多喜临水而居,所谓"智者乐水"。"浙东学术大柱"全祖望在《湖语》文中说:"湖水之静深,足以洗道心;湖水之澄洁,足以励清节;湖水之霏微,足以悟天机。""道心"即道德思想,"清节"就是道德节操,"天机"指自然和时代变化的先机。全祖望土生土长在月湖之畔的桂井街,这段话,实际上表达了中国历史上儒家文人"穷则独善其身,达则兼济天下"的普遍人生价值观。月湖在城市中,闹中取静,对文人来讲,确实是一处可进可退的理想住地。难怪自唐宋以来,这里有达官退

隐、先生讲学、诗人唱和、文人藏书、学者写史等种种风雅故事。

中国名湖众多，宁波月湖有什么与众不同的人文历史值得我们去探寻呢？我们结合宁波地域文化特征来讲，可以说，月湖主要有三个方面的人文个性：

首先，月湖是一座"学湖"，是浙东学术中心。

唐宋以来，文人士大夫会聚于月湖，读书讲学，成一时之尚。北宋名臣、时任鄞县县令的王安石设县学于竹洲，邀请浙东理学名家、"庆历五先生"之一的楼郁在此讲学，文学家丰稷、楼异、楼钥等都曾受教于此。楼郁在竹洲讲学三十年，开创了浙东理学之先河，造就了大批人才。南宋丞相史浩"退休"回老家时，宋孝宗赐以月湖竹洲一曲，以万金为他建真隐观（又称四明洞天）。史浩还让出部分园林，给其好友、当时的著名教育家沈焕、沈炳兄弟设馆讲学。沈氏兄弟著书立说，并与寓居湖畔的杨简、袁燮、舒璘等学者名流常相过从，形成著名的"四明学派"。

除了官办县学外，历代文人在月湖兴办了许多书院，讲学育

⑥

人，使月湖有"浙东邹鲁"之美誉。书院，古时或称讲舍、精舍，是朝廷所办郡学、县学以外的一种辅助教育制度。它是私人所办的民间教育机构，在讲堂中老师可以在儒家经典上发挥自己的学术观点。教学方法以讲学为主，师生之间可以互相讨论、争辩，这是一种比较生动活泼的教学方法。月湖历史上的书院，有北宋楼正议讲舍（楼正议即楼郁，讲舍在松岛）、南宋沈端宪讲舍（讲舍在竹洲，属史浩真隐观一部分）、南宋杨简碧沚讲舍（杨简早期在史浩的竹洲教过史氏子弟。史浩孙史守之退居芙蓉洲，建碧沚精舍，既藏书，又为讲舍，聘杨简讲学，为时较久，弟子众多）、南宋袁燮楼氏精舍讲舍（址在竹屿）。

　　明代逐级建立学校，抑制书院，致使书院一度沉寂。有的名为书院，实为藏书、游憩、祭祀场所。这一情况在月湖尤为明显，故有明一代，月湖没有关于书院活动的记载。

　　清初，清廷惧怕传播反清思想，以"聚群结党"、"空谈废业"为由，抑制书院，因此书院数量不多。月湖畔的天一阁曾留下明末清初一代思想家黄宗羲孜孜读书的身影，白云庄"证人书院"依然回响着他讲学的声音。清代，月湖区域的书院有月湖书院、竹洲三先生书院和辨志精舍三家。月湖书院，本名义田书院，在月湖西广盈仓基（今偃月街中段），顺治八年（1651年）由海道副使王尔禄建。初置义田百余亩，延聘义师一人，以教民间子弟无力从师者，故称义田书院，咸丰末年毁于战火。清同治三年（1864年），知府边葆诚重修。清光绪三十一年（1905年）改设宁波府师范学堂。竹洲三先生（沈焕、沈炳、吕祖俭）书院，由清代浙东学派代表人物之一的全祖望重建，位于竹洲。全祖望以竹洲为别业，晨夕读书其间，一边授业，一边考据，写成了许多名篇。辨志精舍在月湖竹洲，知府宗源瀚于清光绪五年（1879年）创建，创甬上开设舆地、算学等新学科先导。聘学者黄以周（清同治举人）主讲。当时科举制仍盛行，士子深陷八股之中，黄以周则力排这种应举时文，提倡实学，士风为之一变。学子来自府属各县，皆秀才、童生。黄以周的门生，后来在文化教育界工作的也不少，如北京大学教授陈汉章，就是辨志精舍黄以周的学生。清光绪二十八年（1902年），知府高英将辨志精舍改设为南城小学堂，次年停办。

月湖也是一座"诗湖"，既有著名的诗人在此流连，也有盛大的诗事。

月湖自古以来，是宁波最有诗情画意的地方，是士大夫和文人雅士首选的居住地。湖内小桥流水、竹影荷香，极富江南水乡特色，在唐代便吸引了大诗人贺知章来此寓居。贺知章对宁波的四明山颇有感情，自号"四明狂客"。他官退告老还乡时，唐玄宗赐诗，皇太子携百官饯送，"诗仙"李白也为他赠诗《送贺宾客归越》。因贺知章曾经在月湖寓居读书，宋绍兴十四年（1144年），郡守莫将在贺知章读书的故地建"逸老堂"，以祀贺知章和李白，后来经过历代重建，至今在月湖保留了纪念贺知章的"贺秘监祠"，俗称湖亭庙。

或许是贺知章给月湖带来了诗种，月湖此后成为一个"诗兴大发"之湖。北宋元祐八年（1093年），明州大旱，太守刘珵栽柳植松，疏浚月湖，并以积土堆建成芙蓉洲、雪汀、烟屿、菊花洲、月岛、竹屿、芳草洲、柳汀、花屿、竹洲等十景,即"月湖十洲三岛"胜景。十洲初成,太守刘珵赋《咏西湖十洲》诗,引文人雅士一起和唱。舒亶有《附和韵诗》,每洲各一首,后来陈瑾、王亘亦各有《附和韵诗》十首,成为月湖历史上一次歌咏盛事,开启了月湖吟诵唱和之风。南宋丞相史浩的"四明洞天"府第落成之际,也邀请了山阴陆游等诗人墨客前来吟诵唱和,一时盛况,传为佳话。宋代以来,描写、赞美月湖的诗歌层出不穷:宋代有钱公辅、司马光、王安石的《众乐亭》诗,王亘《谢太守刘吏部示西湖图用丰侍郎韵》及《十洲图》,吕祖俭《题史子仁碧沚》,舒亶《湖心寺偶书》,周锷《西湖》,史浩《次韵陆务观游四明洞天诗》,曾巩《游寿圣院》,楼钥《观湖亭竞渡》,陈瑾《次韵袁朝请陪太守游湖心寺》。元代有陆永僖《贺监词》,成矩《四明驿馆》。明代有王嗣奭《鉴湖松岛歌》,黄潽《湖心寺》,沈嘉则《十洲图》,闻隐麟《月岛篇》,陆铨《月湖行》。清代,有全祖望关于月湖的诗《同人泛舟西湖即赋湖上故迹》八首,以及《桃花堤》、《舒中丞园》、《十洲之一亭》、《双湖竹枝词》、《再叠双湖竹枝词》等等。

　　自宋至清,诗人们还往往组织诗社,相互唱和。全祖望说:"吾乡诗社,其可考者,自宋元祐、绍圣之间,时则有若丰清敏公、鄞江周公、懒堂舒氏,而寓公陈忠肃公、景迂晁公之徒豫焉。"元祐、绍圣皆为宋哲宗年号,所说人名中,周锷、陈瑾皆住雪汀,舒亶则住烟屿南。至南宋,丞相史浩组织了月湖诗社,杨简、楼钥、袁燮组织了碧沚诗社。元初,学者王应麟主盟遗老诗社。明代,天一阁主人范钦与张时彻、屠大山三位兵部官员退休回家,也"弃武从文",在月湖边作起诗来,号称三司马社;还有神宗朝少詹士兼侍读学士全天叙归里后,在竹洲组织林泉诗社,参加者有屠本畯、周应宾等十人。清代,月湖诗社有烟屿北和柳汀一带陆宇燝所组织的西湖七子社,有李文缵等的西湖八子社,而全祖望则在烟屿双韭山房故居组织率真社,参加者先后有六至八人,唱和无虚日。

月湖不但是"学湖"、"诗湖",更是"书湖"。

宁波自古盛藏书之风,家诗户书,甲冠东南。月湖边藏书楼林立,宋有楼钥的"东楼"和史守之的"碧沚",史称"藏书之富,南楼北史";明有范钦天一阁藏书七万余卷,屹立四百四十余载仍在;清有黄宗羲续钞堂、郑性二老阁、黄澄量五桂楼、卢址抱经楼、徐时栋水北阁等,藏书汗牛充栋;近现代有冯孟颛伏跗室等藏书楼,书香满城,学统不绝。

古代宁波不仅以藏书楼多、藏书家众而闻名,而且其刻书业也是历史悠久、门类齐全、影响深远。

宁波及所属各县的刻书历史最早可追溯到宋代,南宋宁波为全国刻书中心之一,鄞、姚所刻尤多精品。如宋刻《资治通鉴》294卷,卷末有"绍兴二年七月初一日两浙东路提举茶盐司公使库余姚县刊版"字样。元、明两代,宁波的刻书业得到长足发展,像大家熟知的明代范钦就刻过很多书。清代是宁波雕版印刷的鼎盛时期,余韵还延续到了民国。清代、民国间尚有刻本留世或有具体刻书记载的宁波刻书坊约20家,如四明乐善堂、四明茹古斋、三昧堂义记、林植梅书坊、江东崇寿经房、慈溪授经楼、千岁坊、一经室等。

宁波不少书籍由"海上书籍之路"传播至日本。日本政府自古便把中国的书籍看作利国之物、智慧之源,鼓励中国商人将书籍销往日本。比如,在明代,日本皇宫和贵族不断向中国船头开具订单,订购中国书籍。据日本《商舶载来书目》和《各省方志持渡年表》统计,输入有中国地方志179种,其中包括宁波地区的地方志5种:《宁波府志》、《慈溪县志》、《奉化县志》、《象山县志》和《定海县志》。日本赴明使策彦周良《初渡集》和《再渡集》记载了他在宁波期间收集书籍的情况,在他所搜集的书籍中就有当时宁波刊印的《百川学海》、《文献通考》等。

【八】

宁波帮经营天下

宁波自古就是一个开风气之先的港口商贸城市,加上浙东文化开创的那种"田家有子皆习书,士儒无人不织麻"的社会氛围,那种尚文尚礼、崇信尚义的道德追求,那种"经世致用"、"工商皆本"的价值观念,造就了一个代表宁波城市精神的强大群体——宁波帮。"宁波帮"泛指明清以来,包括旧宁波府属的鄞县、镇海、慈溪、奉化、象山、定海以及宁海、余姚八县在外地的商人、企业家及旅居外地的宁波人。"宁波帮"是中国近代最大的商帮,中国传统"十大商帮"之一,为中国民族工商业的发展作出了贡献,推动了中国工商业的近代化,如第一家近代意义的中资银行,第一家中资轮船航运公司,第一家中资机器厂等等,都是宁波商人所创办。宁波商帮对清末大上海的崛起和第二次世界大战后香港的繁荣都作出了贡献。宁波商人遍布世界各地,其中不乏世界级的工商巨子。

宁波帮的发展历程

一般认为,宁波商帮起于唐宋,承于明清,转于民国,合于当代。

唐时,宁波成为我国对外贸易的主要港口,外贸兴旺,出现了"明州商团"商帮组织。唐会昌二年(842年)至咸通六年(865年),海商李邻德、张支信、李延孝分别率领商帮从明州望海镇(今宁波镇海)出发,7次赴日本进行商贸活动,每次去的人数有50人左右。北宋明州商团孙忠、朱仁聪等17人,从熙宁五年到元丰五年,先后6次来往于明州与日本之间进行海运贸易。另外,北宋末,明州商团到高丽经商有文献记载的就达120多次。元时,宁波海运户达1000余户。明朝至清康熙二十三年(1684年)以前,较长时间里实行海禁,宁波的合法海外贸易一度停滞,但抱团走私商贸活动仍非常活跃。

图① 宁波帮博物馆

明末清初,宁波商人向北京及沿江、沿海的城镇发展,在北京的宁波商人,经营的主要是药材和成衣。明崇祯年间,宁波的药材商在北京建立起"鄞县会馆"。清初宁波商人又在北京建立"浙慈会馆"。乾隆、嘉庆年间,宁波商人在汉口建立了"浙宁会馆"。在清嘉庆二年(1797年),宁波在沪商人钱随、费元圭等发起募捐,筹建以行帮为基础的"四明公所"。道光十一年(1831年),又有方亨宁等发起重修,这时期的"四明公所"以办理同乡善举为主。咸丰三年(1853年),得到镇海大商家方仁照兄弟捐巨款又进行重建。作为同乡集会之所,"四明公所"把上海的宁波人集合起来,在上海形成了一股强大的势力。这些都标志着宁波商帮开始形成。

鸦片战争以后,资本主义势力入侵我国,广州、厦门、福州、宁波和上海被辟为通商口岸,上海以其地处长江流域终点,腹地深广,交通便捷的优势,逐渐成为全国内外贸易的中心,各省商帮都云集上海。宁波商人以甬沪交通仅一水之隔的优势,大批涌入上海，清末在上海的宁波人已达40万人。他们当中，既有地主、商人，也有破产的农民、手工业者、城市居民、苦力者，他们在上海经营南北洋的埠际贸易及颜料、钟表、粮油、海味、煤炭、棉布、药材、棉纱、银楼、五金、机械等行业，并经销洋货，开展对外贸易。上海最早受外商雇用的洋行和银行的买办多数是宁波人。有些宁波商人既是金融买办，又是贸易买办。宁波商帮在我国处于半殖民地半封建的社会经济中快速崛起，成为我国民族资本的一支重要力量。宁波商人基于发展需要，在上海相继组成各种行业小团体，在商业行帮中有同善会（渔业）、崇德会（海味业）、济安会（酒业）、永兴会（南货业）、敦仁堂（猪业）、喻义堂（药业）、诚仁堂（肉业）、永济堂（洋货业）；手工业行帮有长寿会（石作业）、年庆会（木业）、同义会（银匠）；劳工团体有四明长石会、水手均安会等。这类行业帮会以同乡和同业为纽带，以维护帮会利益、互济互助为目的，是宁波帮的不同表现形式。清宣统元年（1909年），在上海的宁波商人筹建"四明旅沪同乡会"，成为上海最早的地域性同乡会组织，1910年改名为"宁波旅沪同乡会"，作为同乡人彼此交往、相互照应、休戚与共、谋取共同利益的自治社团组织。1920年至1935年间，还分别建立了镇海、定海、奉化、象山等地以县为单位的旅沪同乡会。从宁波帮在上海商界举足轻重的地位到集合同乡力量的组成，标志着宁波帮步入成熟繁荣阶段。

　　随着财力的积聚、业务的扩大、人员的增加，宁波帮以上海为基地，将活动地域伸向汉口、天津、苏州等城市。1858年汉口开埠，宁波商帮很快向汉口扩展，汉口成为上海以外宁波商帮较集中的地区，主要经营水产、银楼、航运、火柴、水电、杂粮、洋油、五金、银行等行业，其中石油行业几乎全部被宁波商人所占，长江夹板船航运业皆属宁波商人所经营。有许多宁波商人还充任洋人在汉口的洋行、银行的买办。在天津的宁波商人，远

在清中叶闭关自守时代，就经营航运业，代清廷南粮北运及民间的南北货运输，以 6 艘船为一小队，10 艘船为一大队，成群结队往来于宁波、上海、天津之间，最多时达六七十艘，主要经营户为鄞县的秦氏、吴氏，慈溪的孙氏、董氏，镇海小港的李氏、乐氏。1840 年以后，宁波帮在天津的势力日益扩大，在天津建立上海的分支机构。天津开埠后，宁波商人进一步向天津发展，除继续经营航运业务外，还在天津开展进出口贸易、银行保险业、绸缎呢绒业、金银眼镜业等。民国时期，在天津商业中心劝业场一带有不少名店，都是宁波商人经营的。一批实力雄厚的宁波商人，分别在天津开设钱庄、金店、绸缎庄、五金商号、洋行、房产公司、轮船公司等，还代为洋人在天津经营猪鬃、皮毛、山货、棉花等进出口业务，成了洋人在天津的买办。

"宁波帮"不仅闻名于国内，且足迹遍布全球，在世界各地，凡有宁波人聚居的地方，都可找到"四明公所"、"宁波同乡会"之类的组织。如新加坡宁波同乡会，其会员每月聚会一次，40 余年来从未间断，他们的后代，至今乡音未改。目前，宁波旅居海外的华侨、华裔和港澳同胞有 7.3 万人，遍布香港、澳门，以及日本、新加坡、马来西亚、美国、英国、德国、澳大利亚等 50 多个国家和地区。

随着我国改革开放、现代化建设事业的快速发展,海外宁波帮与内地宁波籍商界人士正在融合为新型的现当代宁波帮。这个正在崛起的现当代宁波帮已经产生了若干新的组织,如北京、天津、南京、上海等不少城市成立了以宁波籍人士为主体的宁波经济建设促进会,这些协会既能适应新的社会现实,又带有鲜明的乡情色彩,对于沟通信息,加强交流,增进了解,解决困难,促进宁波经济和社会的协调发展,发挥着相当大的作用。

创业辉煌的宁波帮人士

宁波帮书写了中国工商业史上的百年辉煌,成为近现代中国的第一大商帮。业绩辉煌的"宁波帮"人士举不胜举,如被誉为"上海钱业领袖"的秦润卿,创办中国通商银行的叶澄衷、严信厚、朱葆三,先后创办了信平、大华、宁绍、四明、天一等保险公司的黄延芳、刘鸿生、胡泳骐、孙衡甫等,创办了第一家由华人开设的证交所"上海证券物品交易所"的虞洽卿、盛丕华,开办了棉业、夜市、中外证券物品等证券交易所的徐庆云、黄楚九、邬志豪等,创办了通汇、东南等信托公司的张啸林、孙颂馨等。中国近代金融业的主要奠基人之一宋汉章先生也是甬人,受聘任大

图③ 四明公所旧影
图④ 左起:严信厚、秦润卿、宋汉章

清银行上海分行经理,1912年大清银行改组为中国银行,他还创办了中国保险公司。除金融业外,宁波人在航运、五金、新药、颜料等行业也叱咤风云,如"宁波帮"的代表人物虞洽卿,先后创办了三北轮埠公司、宁绍轮船公司等,再如叶澄衷、朱葆三在五金业,秦君安、周宗良在颜料业,黄楚九、项松茂在新药业,皆为业中翘楚。[1]

宁波帮中有一支"红帮裁缝",为中国近现代服装的形成和发展作出了杰出的贡献,成为中国近现代服装史上最绚丽的一页。"五口通商"后,宁波来了蓝眼睛、红头发的"洋人",宁波人习惯称他们为"红毛人",于是为"红毛人"做衣服的裁缝,就被称为"红帮裁缝"。这些宁波的红帮裁缝,率先到10多个租界和海外城市缝纫男女西装,引领一代服装新风。中国第一家西服店是"红帮裁缝"开的;中国人制作的第一套西服、中山装出自"红帮裁缝"之手;中国第一部西服专著是"红帮裁缝"编写的;中国第一家西服工艺学校是"红帮裁缝"开设的。

宁波帮其他可圈可点的业绩还有许多。1854年,慈溪费纶志、镇海李也亭、盛植管集银7万两,向英国购买了中国第一艘

---

[1] 张如安,《略论北宋"庆历五先生"对宁波的文化贡献》,《中共宁波市委党校学报》,2008年第2期。

轮船，名为"宝顺号"，并配备武装，为商船护航。"宝顺号"是中国轮船时代的先声，它拉开了洋务运动的帷幕，同时也成为中国近代海军的先驱。1897年，鄞县的鲍咸昌与其兄咸恩、妹夫夏瑞芳等在上海创办商务印书馆，后来发展成为我国近代史上规模最大、贡献卓越的大型出版企业。镇海庄市的包玉刚，1949年初由上海赴香港，1955年以一条旧货船起家，开始从事海上航运事业，经过20多年的奋斗，建立起环球航运集团，到20世纪70年代末，已拥有大型、巨型轮船200多艘，总吨位2000多万吨，超过当时美国或苏联国家所属船队总吨位，居世界航运业之首，被国际独立船东协会推选为主席，成为"世界船王"。镇海庄市的邵逸夫，1925年与兄长在上海开设天一影片公司，1926年与三哥邵仁枚赴新加坡开拓电影市场，后成立邵氏兄弟公司，1958年与邵仁枚成立邵氏兄弟（香港）有限公司。邵氏兄弟在几十年里，共拍摄了1000多部影片，获得各种国际奖的有32部。很多影片充满反帝、反封建的爱国情节，受到各界人士的好评与赞扬。他在港、澳、台和东南亚以及日本、韩国、印度等地拥有电影院200家，每天的观众可达100万人次。20世纪70年代，邵氏兄弟涉足当时发展迅速的电视业，被称为影视大王。镇海庄市的包从兴，1946年去香港，先后经营电子业、纺织业。1960年后，在非洲加纳创办纺织厂，后发展成大型纺织企业集团，为非洲纺织业之冠，1965年周恩来总理访问非洲时，曾单独接见包从兴。镇海的张敏钰是台湾的水泥大王，傅在源被誉为东京的杂粮大王，张济民被称为美国新加州地产大王。鄞县的陈廷骅是香港棉纺大王，曹光彪是香港毛纺业大王，李惠利是香港钟表大王，邱德根是香港娱乐大王，王传麟是台湾棉纺大王，范岁久是丹麦的春卷大王。

宁波帮不仅创造了辉煌的实业，也践行了宁波帮精神：一是树高不忘根的家国情怀；二是不甘居人后的开拓精神；三是

大海容百川的开明思想;四是至实而无妄的诚信品德;五是励业重义理的互助风格。宁波帮精神是海内外宁波帮人士历经艰辛,在风雨坎坷中共同孕育的风骨和品格,是宁波人民弥足珍贵的财富!

爱国爱乡的楷模

在宁波市区三江口附近,矗立着一组"三江送别"的雕像。雕像中几位欲远行的人背着行囊,父老乡亲纷纷挥手叮嘱他们早日归来……

"三江送别",表现的是当年宁波帮人士从三江口登船出发闯荡世界、父老乡亲送别的动人场景。这一幕,浓缩了那些出门创业游子的豪情壮志,以及故乡对游子的盼归和牵挂。从这一刻起,宁波帮游子的家国情怀、报效之义,便永远重于生命和钱财。

在国难当头的抗日战争时期,宁波帮的爱国义士前赴后继,为国作出牺牲。

项松茂,鄞县人,被称为中国药业先驱。"九一八"事变后,项松茂积极支持抗日救亡运动,担任上海抗日救国委员会委

图⑦ 三江送别雕像

员,登报声明"不进日货"。项松茂将自己企业内全体职工编组成义勇军第一营,自任营长,聘请军事教官严格训练,规定职工下班后训练一小时,积极备战,招致日军仇视。"一·二八"淞沪抗战爆发,中国军队前线伤亡很大。项松茂接受政府生产军需药品的任务,亲自监督生产,日夜不停赶制药品,供应前线急需。日军拘捕了项松茂的店员11人,身为公司总经理的项松茂为营救店员,不顾生命安危,两度深入战乱地带交涉,终于陷入敌手。日寇审问:你为何抵制日货?为何组织义勇军?店内备有军服,谁敢抗日,杀无赦!项松茂抗争不屈:"中国人爱中国,你们日本人,为何强占我土地,屠杀我民众?"1932年1月31日晨,他与店员11人惨遭杀害,时年仅52岁。国民政府以"抗敌不屈,死事甚烈"予以褒扬。各界舆论高度评价项松茂的爱国精神。1982年,项松茂罹难50周年之际,时任全国人大常委会副委员长许德珩题写"制皂制药重科研,光业光华异众贾;抗敌救友尽忠诚,爱国殉身重千古"以示纪念。

方液仙,镇海人,是中国日用化工的奠基人。他在抵制日货、提倡国货运动中成绩显著,被社会各界称为"国货大王"。在上海"一·二八"和"八一三"两次淞沪抗战中,方液仙让出厂房,兴办两期伤兵医院,救护大批抗日战士。方液仙的爱国行动引

起日本人的极端仇视,多次提出要与他主持的中国日用化学工业社联营。他不为所诱,拒绝联营。日本人又以没收工厂相威胁,他严词斥责,不为所屈。1939年,汪伪傀儡政权派人向他游说,邀他担任伪上海市政府实业部长,又遭拒绝。日伪见利诱不成,继施恐吓、威胁等手段,恐吓信不断飞来,方液仙仍不为所惧。日伪见其始终不肯就范,遂萌生杀意。1940年7月25日,方液仙被害,时年仅47岁。

海外宁波帮人士大都少小离家,历尽千辛万苦,克服艰难险阻,才在各个领域创造出辉煌业绩。但是他们无论离家多远,成就多大,总把自己的前途命运与祖国的前途命运紧密联系在一起;始终牢记自己是祖国的儿女,竭尽赤子之心,奉献能及之力。宁波帮有两句座右铭:"出门千里万里,不可忘记家里(家乡)。""积财给子孙,不如积德给子孙。"反映了广大宁波帮人士爱国爱乡的共同心愿。

"世界船王"包玉刚爱国爱乡情怀引起邓小平的重视,是宁波帮的一段佳话。1981年7月6日,时年63岁的包玉刚与80多岁的父亲包兆龙来到北京,受到邓小平的接见。

在京期间,包玉刚对时为外经贸部顾问的表兄卢绪章说:"我想为国家做点实事,但我想做的第一件事不是造船,我想捐

1000万美元给北京造一座像模像样的大饭店。我不需要任何回报,我只有一个要求,饭店要用我父亲的名字命名,最好叫'兆龙饭店'。"这1000万美元在1981年是个天文数字,这事最后报到了邓小平那里。邓小平拍板同意,亲自给兆龙饭店题写店名,还出席了签约仪式,亲手接过捐赠支票,后来又为建成后的兆龙饭店剪彩。

1984年8月,邓小平在北戴河听取当时主管对外开放工作的国务委员谷牧关于宁波情况的汇报时说:"宁波海外侨胞人数不多,但质量较高。要把全世界的宁波帮都动员起来建设宁波!"

1984年10月28日,包玉刚回到阔别40多年的家乡宁波。包玉刚看到北仑港的航道、陆域、码头等条件相当不错,向中央、浙江省、宁波市等各级领导建议在北仑港搞水运中转,开辟集装箱码头,建设大钢厂和设立保税区。他在考察中得知宁波连一所综合性大学也没有,培养地方建设人才很困难时,当即表示愿意捐资2000万美元创办宁波大学。

1984年12月20日上午,包玉刚在人民大会堂受到了邓小平的单独接见,这是包玉刚第八次受到邓小平的接见。那天邓小平的心情特别好,他用四川话说:"你好,船王!我们又见面了。"包玉刚紧紧握住邓小平的手说:"您好!我最近回了家乡宁波,我已经40多年没有回家乡了。宁波有1万多平方公里,比香港还大10倍,两地人口差不多。但香港有4所大学,宁波没有一所大学,所以我打算在宁波办一所大学,希望得到支持。"邓小平笑着说:"这件事办得好,我赞成。"会见中,包玉刚提出请邓小平给宁波大学题写校名,邓小平欣然答应。

1985年10月29日,在宁波教育史上是一个值得纪念的日子:宁波大学奠基典礼隆重举行。包玉刚夫妇和时任国务院代总理的万里、浙江省省长薛驹等,一起挥铲为宁波大学奠基培土。1986年9月10日,宁波大学如期开学。

图⑨ 1985年10月29日,由邓小平同志题写校名、包玉刚先生捐资创办的宁波大学举行奠基典礼,国务院代总理万里、包玉刚先生夫妇等为宁波大学奠基

邓小平发出"把全世界的宁波帮都动员起来建设宁波"号召以后，海内外广大宁波帮人士的爱国爱乡热情被空前激发出来。宁波到处都有宁波帮捐助项目的印记。中兴中学、龙赛中学、兆龙小学、逸夫小学、庄市小学、仁爱中学、张和祥小学、镇海中学、镇海职教中心等等，都是宁波帮捐资兴建，或捐资设立奖教、奖学基金。宁波帮在捐助家乡建设的同时，还在家乡兴办企业，为当地的经济发展作出了重要贡献。迄今已有28位海外宁波籍人士获得浙江省"爱乡楷模"称号，还有69位荣获宁波市"荣誉市民"称号，其中省、市、县三级政协有港澳委员55人。

宁波帮人士，不仅热心捐助家乡建设，而且捐助神州大地。据不完全统计，宁波帮在全国捐赠款已多达55亿多元，惠及全国31个省、市、自治区，其中捐助教育事业达百分之八十以上。

邵逸夫被称为"华夏捐资兴教第一人"。根据教育部提供的数据，他自1985年至2003年，向内地教育事业捐赠包括大学、中小学、师范学校、职业技术学校共计400多个项目，遍及全国所有省、市、自治区，赠款累计31.5亿港元。

王宽诚一心为国做实事。他是鄞县人，1947年由上海去香港发展，设立维大洋行有限公司，创立幸福企业等数十家有限公司。在1950年抗美援朝时期，他率先捐献一架战斗机，并购买

图⑩ 邵逸夫
图⑪ 王宽诚

了价值相当于2000两黄金的爱国公债，轰动国内外。1985年，他拿出自己的一半资产——1亿美元给国家设立"王宽诚教育基金"，每年选送优秀青年出国深造，为国家培养有用人才。他还向宁波市教育局捐赠100万元人民币，设立"王宽诚育人奖"。10多年来，获此奖项的全市教师已达2000多人次。全国人大常委会原副委员长路甬祥曾评价说："王宽诚教育基金会的宗旨体现了王宽诚先生超越自我，唯国家强盛、民族兴旺的民族精神和爱国情怀。"

【九】

物华天宝遗珍多

图① 慈湖遗址出土的两只木屐

名城宁波，它是一支万花筒，底蕴深厚，方方面面，鲜活无比。

作为东方泱泱大港，宁波城市文化既海纳百川，兼容并蓄，又扎根地域，传播海外。

如何从纷繁复杂的事物里，去品味和发现宁波独具地域特色的文化？

我们可以通过古代遗留下来的典型文物，握住祖先的手，与祖先对话，解读文物背后的历史文化信息。

宁波出土木屐：世界上现存最早的鞋

人类最早的鞋子是什么样子？有实物可考的当属宁波市慈湖遗址出土的两只木屐，它们是距今5000多年前新石器时代晚期原始先民所穿的鞋，现收藏于宁波博物馆。

1988年8月，浙江省文物考古研究所和宁波市文物考古研究所在宁波市慈城镇西北角的慈湖遗址进行考古发掘时，在第四层（良渚文化）中出土了两只弥足珍贵的木屐。其中较小的木屐，属左脚屐，正面坦平，前端中间和屐板中部及后端两侧各凿一小圆孔，着地的底面则在中部与后端的圆孔间分别凿一道横向的浅凹槽（宽 1 厘米），以便穿孔作系带的绳索嵌入槽中不致行走时磨断。屐长 21.2 厘米，前端掌部宽 8.4 厘米，后跟宽 7.4 厘米，孔径 1 厘米。另一只大点的木屐，也是左脚屐，其前端掌部较宽，且向左侧斜弧，足跟部较窄而稍方，正面坦平；前端两侧也各凿两对圆孔，且底部也同样在圆孔间凿有横向的浅凹槽。屐长 24 厘米，前掌部宽 11 厘米，后跟宽 7 厘米。此两件木屐设计科学，做工考究，与木屐同层采集的标本经碳 –14 年代测定，距今年代为 5365±125 年（树轮校正）。它是中国乃至世界上最早的木屐实物，是良渚文化时期先民为适应江南炎热潮湿的自然环境而作出的重大创造。

木屐在古文献中多有记载，是中国"足下"文化的起源。

文献记载最早穿木屐的是距今 2600 多年前春秋战国时代的晋文公重耳。南朝宋刘敬叔《异苑》讲到晋文公被其父驱逐出宫，走投无路，流亡于卫、狄、齐、曹、宋、秦、楚之间十九年，后在秦穆公重兵护持下回到晋国，登上王位。为感谢多年来跟随他奔波流离的侍臣，晋文公对身边人一一给予封赏，唯独将曾割下自己腿肉以供晋文公充饥的忠臣介子推给遗忘了。等他想起，介子推早已带着母亲，隐匿到绵山之中。晋文公得知后追悔莫及，亲带人马前往求访。不料介子推避而不见，晋文公无奈，便叫人放火烧山，想硬逼他出来。但是介子推和老母亲紧紧地抱着一棵树，被活活烧死。晋文公见状悲痛不已，挥泪砍下尚未烧尽的树木，令人制成一双木屐，穿在脚下。他每当忆及介子推割股之功，便抚屐哀嗟："悲乎，足下！"后世将同辈敬称为"足下"，即起源于此。

孔子也穿过木屐，他的木屐还被人偷过。《太平御览》引《论语隐义注》："孔子至蔡，解于客舍。入夜，有取孔子一只屐去。"令人不解的是，此人为什么不把一双木屐都偷去，而只偷一只？看来，此人是仰慕孔子，便偷孔子的一只木屐留作纪念。

汉代以穿木屐为时尚，新娘出嫁，流行穿彩画屐。东汉应劭《风俗通义》说："延熹中，京师长者皆着木屐。妇女始嫁至，作漆画屐，五彩为系。"这种漆画木屐在安徽马鞍山市郊东吴名将朱然及其妻妾墓中曾有出土，屐身小巧精致，木扁上凿有三个较小的孔眼，周身施以漆绘，屐底则装有两个木齿，当为朱然妻妾的随葬物品。而这位三国名将朱然曾做过余姚县长。

魏晋南北朝时期是木屐的盛行时期。这个时期有很多与木屐有关的趣事。《世说新语·忿捐》记晋人王述性情急躁，用餐时以筷子戳刺鸡蛋，刺之未破，便大怒掷地，鸡蛋旋转不止，王述便"下地，以屐齿碾之"。南朝山水诗人谢灵运发明了带前后齿的登山屐，史称"谢公屐"，"上山则去前齿，下山则去后齿"。李白在《梦游天姥吟留别》诗中写道："脚著谢公屐，身登青云梯。"这个时期的木屐形制也富有变化。如晋干宝《搜神记》称："初作屐者，妇人圆头，男子方头，盖作意欲别男女也。至太康中，妇人皆方头屐，与男无异。"

唐代，木屐传播到日本等国家。唐代颜师古注解木屐时说："屐者，以木为之，而施二齿，所以践泥。"而李白则累赞越女穿屐之美，他在《浣纱石上女》诗中写道："一双金齿屐，两足白如霜。"还在《越女词》中写道："屐上足如霜，不著鸦头袜。"

宋代也载有名人穿木屐之事。据《宋高僧传》记载，契此是五代时明州人，他经常手持锡杖，杖上挂一布袋，出入于市镇乡村，在江浙一带行乞游化。他身材矮胖，大腹便便，且言语无常，四处坐卧，能预知天气晴雨，"天将雨，即著湿布鞋；亢旱，即曳木屐。居民以此为验"。因其总负一布袋，故被称为"布袋和尚"。

现今，木屐已基本退出了我国人民的生活，但在日本、荷兰两国，木屐仍作为一种文化品、工艺品流行。木屐文化源远流长，而宁波慈湖遗址出土的两只木屐，足以证明世界木屐之祖在阿拉宁波。

余姚长朱然随越窑青瓷卣魂归宁波

　　1984年6月，在安徽马鞍山市雨山乡考古发现了"赤乌十二年"（249）朱然纪年墓，这是至今发掘的三国吴墓中墓主身份最高、墓葬规模最大、时间最早、等级最高的一座大墓。墓中出土了一件早期越窑青瓷卣，品相精美。2012年，这件文物随"千峰翠色——中国越窑青瓷特展"在宁波博物馆展出。曾经做过余姚长的三国名将朱然，在一千多年后，随越窑青瓷卣魂归宁波。

　　朱然纪年墓越窑青瓷卣高25厘米，口径11.3厘米，腹径64.6厘米，底径13厘米。椭圆口，短直径，椭圆腹，圈足外撇，器底内凹。肩部压印联珠纹、菱形网格纹及锯齿纹，每组纹饰以弦纹相隔；圈足两道弦纹之间饰菱形网格纹。肩部四周对称贴塑四个羊形铺首，长径方向的一对铺首较大，上附泥条形耳；短径方向的一对铺首较小。

　　卣是古代的一种酒器，口呈椭圆形，足为圈形，有盖和提梁，腹深，有圆形、椭圆形、方形、圆筒形等。从这件卣的容量推测，朱然酒量不小。

　　朱然（182~249年），字义封，汉丹杨故鄣人，本姓施，13岁过继给舅父朱治为子。朱然少年时常与孙权一起读书习字，两人结为好友。孙权统事之后，任命19岁的朱然为余姚长。朱然于东汉建安五年（200年）在余姚筑县城，建县衙，建造了余姚最早的县城北城。朱然构筑余姚时，即留有三处水门：东水闸、西水闸、南水门，使北城内的水源与三水门相通畅流，形成与城南的姚江、城北的候青江相贯通的活水。

　　据宋代《太平寰宇记》所载，至唐初，"余姚之境东包明州，西辖上虞，为越州巨镇"，唐武德四年（621年）一度升为姚州。

图② 三国朱然纪年墓越窑青瓷卣

宋代余姚为"望县"、"东南最名邑"。

孙权非常赏识朱然的才能，很快又任命他为临川太守，授兵2000人。建安二十四年（219年），朱然与潘璋在临沮擒关羽，因功迁昭武将军，封西安乡侯。吕蒙病重时，孙权问他："卿如不起，谁可代者？"吕蒙回答说："朱然胆守有余，愚以为可任。"吕蒙死后，孙权依吕蒙之意任朱然接替了他的要职，镇守江陵。

吴黄武元年（222年），刘备举兵攻宜都，朱然率5000人与陆逊合力抗刘。朱然攻破刘备前锋，断其后路，刘备败走。

在三国争雄中，朱然北抗曹魏，西拒蜀汉，一生戎马倥偬，屡立战功，最后官至左大司马、右军师。他是参与孙权政治、军事的最高决策人之一。朱然一生功名显赫，终年68岁，死时孙权为他素服举哀，极为悲恸。至于《三国演义》第八十四回中朱然在夷陵战役中被赵云一枪刺于马下的描写，只不过是小说家的虚构。

朱然家族墓地共出土漆器、青铜器、陶瓷器等精美文物170多件，铜钱6000多枚。其中出土的木刺和木谒上的文字是推断墓主身份的重要依据。考古工作者在发掘的墓室里发现了三枚谒、十四枚刺，均为木质，上书其姓名、籍贯、官职和字号，墓主身份就是这样断定出的。据史料记载，谒和刺都是古代的一种名片，是当时人们在拜访晋见时用于通报姓名身份的。在墓内放置木质名刺，这是孙吴时兴起并流行于江南的特殊习俗，可以想见当时宁波也流行这种名刺。

越窑胡人吹弹堆塑罐：快乐庄园生活的写照

宁波博物馆展出有一件本地出土的西晋越窑青瓷胡人吹弹堆塑罐，高46.5厘米，分层堆塑有亭台、谷仓、深目高鼻胡人吹拉弹唱乐队、佛道人物、吉祥动物等内容，恰似一幅造型生动、其乐融融的立体画卷！

那么，这种堆塑罐是做什么用的呢？

其实，这是一种专用于"阴间"的丧葬"明器"。《左传·昭公十五年》："诸侯之封也，皆受明器于王室，以镇抚其社稷。"明器，即帝王分封诸侯时所赏赐的礼器、宝物，后泛指用竹、木、陶、瓷、铅、锡、铜等材质制作的随葬器物，世称冥器。冥器，产生于东汉末的辞书《释名》中称"送死之器"，供死者在冥间生活之用。汉代，特别重视丧葬之礼，厚葬之风盛行，"世

图③ 西晋越窑青瓷胡人吹弹堆塑罐

之厚葬为荣，薄终为耻"。人们"事死如事生"，对殉葬之物，精益求精，种类达几十种之多，有建筑模型、饮食品、乐器、生活用器、装饰用器等。考古资料表明，东汉晚期到西晋时期的越窑青瓷堆塑罐，是这一时期典型的器物，集众多事物于一体，包含了丰富的文化信息。这种明器，当时未见具体名称，后人有魂瓶、谷仓罐、堆塑罐、神亭、塔式罐等种种不一的称呼，而堆塑罐之名更能反映其综合特征。它像是为亡魂准备谷物粮食的谷仓，又是死者灵魂出入栖息之所，是人与亡魂沟通的桥梁，又是亡魂返祖升天的通道，说明了其文化内涵的复杂性。

堆塑罐的前身是西汉时期兴起的五联罐，也叫五管瓶，之所以取"五"之数，与汉代的"五行"世界观有关。五联罐的基本特征是主体为罐形，肩部另附有四个小罐，五罐间并不互相通联，在五罐中装"五谷"供亡者在另一个世界享用。东吴中晚期开始，五联罐造型发生很大变化，演变为堆塑罐，中间一罐变大，有些在上面还加有装饰成屋宇形的盖，四小罐变小成为局部装饰；西晋前期五小罐大多被楼阁所掩蔽，罐肩和上腹部的堆塑也进而发展成为楼阁、飞鸟、走兽、人物等繁复装饰，有的正面还有龟趺碑；西晋中晚期五罐已完全被层叠式的殿阁和围廊所取代，鸟雀栖息场面不见，罐体贴件也明显减少。

堆塑罐及其组合作为一种高级殉葬品，其第一目的是为了安抚和娱悦死者。一些器物上的龟趺碑上发现有"用此丧葬"或"用此灵"的铭文，证明了它的陪葬作用。从堆贴的内容看，颇像汉墓中常见的墓壁画像。送葬仪式的场面、墓主人生前富足的生活，以及墓主人羽化登仙、遨游寰宇的缥缈意境，这些都表达了生者对死者的歌颂和祝福。另一方面，铭文内容也表达了人们对高官厚禄的向往和对长生不死的追求，企求后代子孙"作吏高"、"宜公卿"、"众无极"，这实际上也与汉、三国吴铜镜上铭文的寓意相似。

堆塑罐包含了经济、建筑、艺术、文化的诸多信息。堆塑罐上堆塑的亭台、楼阁、谷仓、门阙等等，是当时士族地主庄园生活的真实写照。堆塑罐上阁楼建筑群的基本特征是：中央的主体建筑重檐庑殿或四角攒尖开，主体建筑围绕围廊，围廊四角又各设望楼，为单层的矮厢房，整个楼群布局谨严，富有江南特色。那层层叠叠、飞檐翘角、气势雄伟的楼阁建筑，充分反映了当时江南地区的建筑艺术风貌,是研究汉至晋建筑的标本。罐身及楼台上采用捏塑、堆塑、雕刻等技法,饰有鸟、虎、狮、马、羊、辟邪、蜥蜴、犬、猴等动物,一方面反映了当时江浙地区的富足农耕田园生活,同时也体现了人们的丰富的想象力和独立审美观。

堆塑罐上堆塑有一圈乐队人物,他们高鼻深目,五官面貌、衣着打扮、乐舞姿态、表情动作不同于汉民族。或奏箫抚琴,或拨弦吹笛,或倒立表演,异彩纷呈。经考证,他们是西域胡人,是因战乱或传教从海路迁徙来宁波的,以经商、卖艺、传教为生。这反映了古代江南与西域文化通过"海上丝绸之路"交融的历史。西域胡人的大量涌入,丰富了沿海人民的文化艺术生活,也带来了佛教文化。堆塑罐上常见佛、道混杂的现象,有像是在作超度法会的僧人,也有仙人骑麒麟的道教神话图案,显示出当时人们宗教信仰的多元化杂糅。而堆塑罐上富足吉祥的生活景象和其乐融融的场面,则反映了人们视死亡如重生的生死观。

越窑提梁人物鸡首壶:瓷器雕塑品杰作

中国古代瓷器有一种很典型的器物——鸡首壶,又名鸡头壶、天鸡壶、罂,这种壶是一种将壶的流(嘴)捏塑成鸡头状的盘口壶,它创烧于三国末年,经魏晋南北朝以至隋代的发展、演变,盛极一时,隋以后逐渐消失。宁波越窑青瓷就生产过许多鸡首壶,反映了古代宁波人民的雕塑审美艺术的发展。

宁波博物馆收藏的一件西晋越窑提梁人物鸡首壶,是鸡首壶中一件十分"稀罕"之物,整体造型独特,为西晋同类鸡首壶中所罕见,目前国内仅见此一件。从这件提梁人物鸡首壶身上,我们可以很好地探析鸡首壶工艺、文化方面承前启后的演变。

此壶于 1995 年在浙江余姚市肖东五星墩出土,通高 24 厘米,口径 11.8 厘米,腹围 18.2 厘米,盘口,矮颈,溜肩,鼓腹,平底,

图④ 西晋越窑提梁人物鸡首壶

青釉泛黄。肩部四周由联珠纹、凹弦纹、斜细网格纹组成带式，其上分别印贴铺首衔环、仙人骑麒麟，肩腹部塑有雕刻精细的正在啼鸣的鸡首及鸡尾，鸡颈粗壮，鸡喙尖，鸡冠高，羽毛丰，形象逼真。宽敞的盘口上，以黄鼬躯身为提梁。黄鼬前足作伏状，竖耳弓身，张口吐舌，对准鸡冠作欲噬状，后两足则夹住长尾停于口沿。在盘口之下于鸡头、尾处，各置扶膝光头似佛像人物。根据此壶身上的纹饰特征，如铺首、联珠纹、斜网纹等，与西晋出土的同类有确切纪年的瓷器相同，推定此壶为西晋之物。西晋为鸡首壶发展初期，鸡首大多只是象征性贴塑的图案，无颈，实心不能倒水。而此壶却是鸡首为空心可倒水,鸡颈粗高,为西晋鸡首壶所罕见。同时,该壶还堆塑有人物、动物提梁,更为鸡首壶中罕见。

很多人都不理解,这件提梁人物鸡首壶,为什么要堆塑人物呢?这两个人是在看守鸡不被黄鼬吃掉吗?

其实,这件提梁人物鸡首壶堆塑人物,印贴铺首衔环、人骑麒麟等图案,恰恰说明其工艺手法、文化含义是从西晋越窑堆塑罐继承而来。壶颈上的两个光头人物的神态,和西晋越窑青瓷堆塑罐上作超度法会的僧人一样,反映的是人们的佛教信仰。而黄鼬张口对准鸡冠作欲噬状,则是农耕生活的现实写照,其活灵活现的紧张场面,真使人想叫醒那两个似乎睡着了的僧人,快起来赶走黄鼬。

鸡首壶的器形演变有明显的时代特征。鸡首壶的造型与盘口壶相似,不同的是肩部一侧安鸡首,另一侧安鸡尾,前后对称。鸡首有实心、空心之分,前者是随葬冥器,后者是生活实用器。三国末年的器皿较为少见。西晋时期的鸡首壶特点是壶身、壶颈比较矮,鸡首多无颈,鸡尾甚小。东晋壶体略高,鸡首有了颈部,鸡尾消失,取而代之的是略高于壶口的圆股形曲柄。东晋中、晚期在把手的上端饰龙首和熊纹,器形优美。1972年,江苏南京化纤厂东晋墓出土青瓷鸡首壶,底部刻"罂主姓黄名齐之",可知晋时称此类器形为罂。南北朝时期,壶体修长,鸡首的冠部较大,颈部细长,盘口增高。隋代的壶鸡首更加趋于写实,作昂首曲颈打鸣状,壶柄贴塑龙形饰。此外,还派生出羊首、鹰首或虎首壶。隋代以后,鸡首壶几乎匿迹。究其原因,唐代因越窑大批量生产,或许就去繁就简,纹饰采用刻、划工艺,快捷、简便,而使壶上捏塑鸡首、龙柄等动物的现象消失了。这时开始流行简洁实用的执壶,壶嘴不再塑成动物形,只是一根管子,壶把柄也不再捏成龙形状,只是扁状实用把手。

越窑鸟形杯:腾飞梦想

将酒杯做成一只展翅飞翔的小鸟,既美观,又实用。这样的创意或许今天很多人都不会想到,但一千多年前的宁波古人早就这样做了。

1992年,宁波奉化市白杜南岙的一座西晋时期墓葬中,出土了一对越窑青瓷鸟形杯。杯高6.9厘米,口径10厘米,直口,弧腹,圈足微微外撇,通体施青黄釉,由于烧造温度较低,釉面有剥落。杯前置有鸟头、鸟胸、鸟足和鸟翅,杯后置有鸟尾,鸟尾下有把手。整体看,鸟形杯极富美感,恰似一只睁大眼睛会报信的青鸟,背负酒杯翩翩飞舞翱翔。

从这对青瓷鸟形杯上,不禁让人想起古代有关青鸟的神话。《山海经·大荒西经》中说:"沃之野有三青鸟。"晋代诗人陶渊明在《读山海经》中说:"翩翩三青鸟,毛色奇可怜。朝为王母使,暮归三危山。我欲因此鸟,具向王母言:在世无所须,惟酒与长年。"唐李商隐《无题》诗中也说:"蓬山此去无多路,青鸟殷勤为探看。"魏晋六朝时期,战祸频繁,人生无常,人们普遍追求一种摆脱尘世、羽化升天的"出世"境界。这时期,老庄道学、佛教信仰两种"出世"哲学观念广为盛行,反映在当时的器物上,则是对鸟的崇拜空前流行,人们渴望生长"羽翼",腾飞到神仙逍遥的仙界中去,正如晋嵇康《代秋胡歌诗七首》中所说:"授我神药,自生羽翼。"

在魏晋六朝墓出土的宁波文物中,常见带有鸟羽形象的各种器物,如造型各异的鸟杯、鸟柱盏、塑鸟熏炉、博山炉、鸟形盖罐及周身塑飞鸟的堆塑罐等,都频频出现在魏晋六朝随葬器皿中。这些塑鸟的青瓷器物中,以造型各异的博山炉最为精美。在以莲瓣造型象征蓬莱仙境的炉顶部,均塑有这种灵性十足的

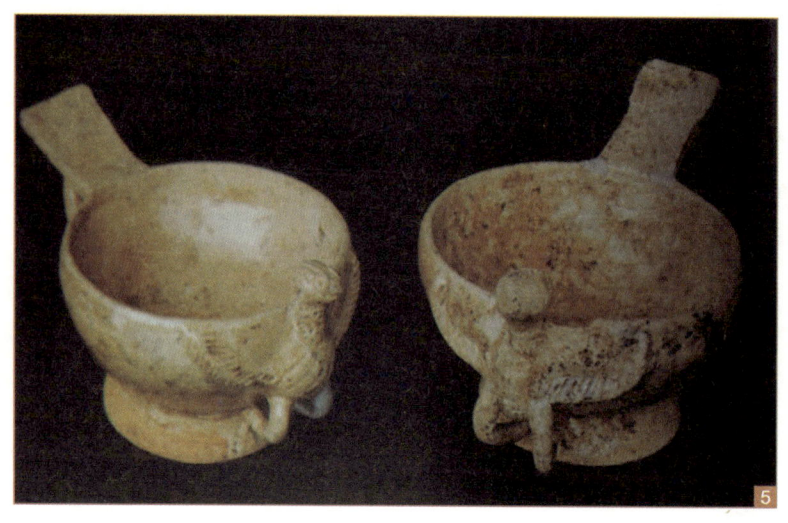

青鸟。甚至在其他动物造型的器物上,也给其刻画上羽翼,让人产生腾飞的遐想。如青瓷蛙形水注、青瓷虎子、青瓷羊尊、青瓷狮形烛台等,大多都刻画有双翼,仿佛这些动物们已得道成仙。兽类动物生长羽翼,是晋代文物非常明显的特征。

宁波古人喜欢将器物插上鸟羽,崇尚的是一种腾飞、奋发的精神,追求的是一种高远、超脱、吉祥的梦想。

越窑三足蟾蜍水盂:寓意深远的文房至宝

1983年,宁波市慈溪上林湖西的彭东乡出土了一件越窑三足蟾蜍水盂,因出土地近旁的窑址堆积中,曾发现北宋端拱二年(989年)铭文瓷片一块,而且莲叶托盘的器形,又大体上与上林湖出土的"太平戊寅"(978年)款卧足盘相似,据此鉴定此器为北宋文物。

这件独特罕见的器物,取蟾蜍、荷叶像生之形,活灵活现,极具审美意境。蟾蜍形水盂长10.4厘米、高6.2厘米,它翘首张口、双目圆瞪,两眼至颈部阳刻桃叶形双角一对,颈部阳刻四道纹,背微隆,沿背脊有多条阳刻线,或曲或卷,脊线两侧布满乳钉,似瘤疣,腹部光素。背脊正中有一注水圆孔,可注水于蟾蜍体内,

图⑤ 西晋越窑鸟形杯
图⑥ 北宋越窑三足蟾蜍水盂

⑥

用水调墨时则从蟾蜍口中倒出。蟾蜍两前足直撑,趾间有蹼,后独足曲蹲作欲跃之势。承托蟾蜍的莲叶,内壁刻有浅细的叶脉纹理,两边微向上翻卷,极富生机动感。

水盂,又称水丞、砚滴,在古代常直呼为"水注",是一种给砚池注水研墨的文房用器,自三国时期开始流行。而这件水盂为什么做成三足蟾蜍立莲形呢?它是工匠随意之作,还是另有寓意?我们不妨从历史文化背景去解读它。

蟾蜍自古是人们崇拜的神物。蟾蜍图形作为器物纹饰,最早见于仰韶文化初期(距今约五六千年)。蟾蜍因每次产卵成千上万颗,故而成为古代先民多子多福的生殖崇拜对象,其后又因各种民间传说,成为象征长生、辟邪、科举、富贵的崇拜对象。西汉淮南王刘安所编《淮南子》一书,讲述了后羿请不死之药于西王母,嫦娥窃之而奔月,并化身为蟾蜍,成为"月精"的传说故事,从此,蟾蜍就有了"仙药"的象征意义,由丑物成为吉祥物,而月亮也被称为"蟾宫"。长沙马王堆一号墓出土的西汉彩绘帛画里,左上角有一轮弯月,月上站着含有灵芝草药的蟾蜍,月下是腾飞的嫦娥。此后,出现了四蟾捧月砚、月宫镜等"蟾宫"图案文物。蟾蜍还被道家称为"肉灵芝",成为一种仙药,晋葛洪《抱朴子·仙药》载:"肉灵芝者,谓万岁蟾蜍,头上有角,颔下有丹书八字再重（就是两个'八'字重叠）……"葛洪还称蟾蜍可作为辟邪之物："术家用以起雾祈雨，辟兵解缚。"自唐代开始，蟾蜍又和科举典故粘上了。唐代段成式在《酉阳杂俎》中演绎出月宫中有吴刚砍桂树的神话，再加上古代科举秋闱大比刚好在农历八月，人们常以折桂枝、戴"桂冠"（桂枝编成的冠帽）对中举者表示奖励，所以"蟾宫折桂"就成了表示科举中举的典故了。蟾蜍自然也就成了文人吉祥之物。

　　这件蟾蜍水盂为什么会出现三只脚的蟾蜍造型呢？据考证，蟾蜍水盂的形制最初出现于三国，至唐宋时广为流行。宋代之前的蟾蜍水盂都为四足卧伏式，至宋代才演变为三足站立式。而这和"刘海戏蟾"传说有关。相传，五代时，有个人叫刘操，号海蟾，他在燕王刘守光处为相。一日有道人求谒，索鸡蛋十枚，金钱一枚，以一文钱置案几上，累蛋于钱如浮屠（佛塔）状。海蟾见之惊叫道："危险！"道人则说："人居欢乐之地的危险比这还大。"道人又把一个钱掰为两半，掷之而去。海蟾由此大悟，遂弃官尽散家中之财，易服从道，归隐代州凤凰山潜心修行，终成正果，被奉为道教"北五祖"之一。此说从宋代开始被演绎成"刘海戏蟾"的故事而广泛流传，讲述他从井中打水时抓到一只三足蟾蜍，时常用彩绳将它系住，背负肩上，因"蟾"之谐音为"钱"，从此蟾蜍也成为金钱的象征，寓为招财进宝、财源广进之祥瑞，"刘海戏蟾"图也成为古文物的吉祥纹饰。

　　综上所述，三足蟾蜍寄寓了长生成仙、辟邪祛毒、科考中举、招财进宝等诸多文化意义，而其立于莲叶之上，是因为"莲花"是佛教文化的象征，所以它集儒、释、道文化于一身，是一件寓意深远的文房至宝。

【十】

「圣地宁波」与「东南佛国」

宁波是佛教东传的圣地，其影响远播海外。宁波佛教文物，因其历史、科学、艺术价值高而闻名海内外。

日本佛教文化中的"圣地"印迹

日本佛教从宁波传入，迄今还保存了大量宁波古代佛教文物，这使宁波在日本佛教界被尊崇为"圣地"。日本第二大国立博物馆奈良国立博物馆，曾经于2009年7月18日至8月30日举办"圣地宁波——日本佛教1300年之源流"特别展。该展览由日本奈良国立博物馆、读卖新闻大阪总社主办，汇集了唐宋以来，由宁波港输出的现收藏于日本各大博物馆、宗教寺院的中国佛教造像、绘画、书法等列入日本"国宝"、"重要文化财"的珍贵文物170余件。这是国际著名博物馆第一次以宁波为主题举办的专题性展览，我们可以从这个展览中探寻宁波佛教文化东传日本的故事。

（一）宁波佛教石刻：日本"伊派"石刻之源

约1300年前的日本奈良时代，日本与唐朝建有正式的朝贡关系，日本遣唐使船经常把宁波、温州、台州等港口作为船只的到达地。到北宋咸平二年（公元999年），宁波设立了海上贸易管理机构市舶司，于是宁波就成了中国与日本、中国与高丽往来船舶的唯一港口，几乎所有船舶都把宁波作为目的港或出发港。从此，日本与宁波之间的人员、物资往来日趋频繁，成寻（1011~1081年）、重源（1121~1206年）、俊芿（1166~1227年）等众多日本僧人纷纷从宁波上岸。同时，佛教经典、佛像、佛画等各种佛教用品以及陶瓷器、漆器等器皿，还有茶叶、豆瓣酱等饮食文化，从宁波传到了日本。比如，重源在1168年入宋后，曾到

天台山、育王山巡礼，回国时带去宋版《大藏经》、净土宗五祖像，并输入中国天竺式建筑样式，运去大批漆、丹彩、石料等建筑材料，聘请宁波陈和卿等著名工匠，负责重建奈良东大寺。而东大寺的石狮子是重源于建久七年（1196年）委托宋人石匠打造的。

石狮子分东、西方雌雄两座。它们矗立于南大门北侧，面北背南，入口处各一尊。其中，东方像高1.80米，西方像高1.60米，分别被安置在高约1.40米的华丽底座上。两座雕像的实际高度均已超过3米，甚是宏伟。两具座狮（蹲狮），胸佩腰带和流苏，底座四周雕有含苞欲放的牡丹、开花莲、飞天及双狮戏球等图案，技艺精湛。并且，其上下配有莲瓣，下端刻有隅撑的脚台，底座基台雕有复杂的云纹图样。据《东大寺造立供养记》记载："若日本国石难造，遣价值于大唐所买来也，运赁杂用等凡三千石也。"这说明，日本本土石材很难雕刻，因此特意从中国买来石料建造雕像。《东大寺造立供养记》还记载："建久七年，中门石狮々、堂内石胁士、同四天像，宋人字六郎等四人造之。"据此可知，1196年，来自宋朝的六郎等四人，建造了东大寺南大门两侧的石狮、佛堂内的石造胁侍菩萨和四天王像。此处的"六郎"，是排行的称呼，并非真名。这四人中，能够证实其真实姓名的只有"伊行末"，"六郎"即是"伊行末"。

图② 南宋宁波工匠雕刻的日本东大寺的石狮子

图③ 宁波延庆寺旧影

伊行末是明州石匠，为修建东大寺而来到日本。造于1240年的奈良县宇陀市大藏寺层塔，塔上铭文刻有"延应二年庚子二月四日造□了□大工□大唐铭州伊行末"等字，这里的"铭州"即是"明州"。也就是说，伊行末来自于明州。明州石匠伊行末，完成东大寺的援建后，携家眷在日本定居下来。后人继承其石刻风格，活跃在镰仓南都一带，形成了在日本石刻工艺史上个性鲜明且赫赫有名的"伊派"。[1]

近年，关于东大寺石狮子的石材产地问题，引起中日学者的关注。2008年8月9日，"中日石造物研究会"发表最新研究成果，经日本地质专家服部仁通过物理法鉴定，东大寺石狮子的石质与宁波郊外的梅园石非常相似，应该属于同一凝灰岩，外观呈现淡红色，纹路细腻，内含石英、黑云母、长石等物质。2008年11月21日，中日专家在宁波举行中日石造物交流报告会，会上宣读了中日石造物研究会考察共识：东钱湖南宋石刻的文官、武官、各种动物造型优美，石刻所用的石材，是略带紫红色的"梅园石"，与奈良东大寺南大门前的两座石狮子所用石材极为相似。宁波南宋石刻以梅园制作的石刻作品细腻精湛，特别是以

[1] 李广志，《明州工匠援建日本东大寺论考》，《宁波大学学报》（人文科学版），第23卷第5期。

伊行末石刻作品为代表的石刻技艺和风貌传承日本,对日本中世纪的石造物产生了重大影响。

通过同样途径从宁波传到日本的石刻还有:建仁元年(1201年)有人捐给宗像大社的宋风狮子;承久二年(1220年)宗像大宫司妻子张氏捐给宗像大社的阿弥陀经石(刻有南宋绍兴六年的铭文)。

(二)宁波佛画:日本神圣的临摹样本

"圣地宁波——日本佛教1300年之源流"特别展初次向公众展示了京都大德寺收藏的五百罗汉图,这是描绘天台山五百罗汉的最杰出的作品。这套本来由一百幅画组成的一代名画,从南宋时代的淳熙五年(1178年)开始创作,整整花了十年工夫,才最终画成。它最初被供奉在宁波东钱湖畔一座叫作惠安院的寺庙里。每幅画都绘有佛教典故、佛教历史事件、僧人们的集体生活等内容,各种题材中的罗汉被画得栩栩如生。部分画作有用金泥写的铭文。这些铭文记载着捐献者、募捐者、画家的姓名以及作画年份等信息。

离宁波城内作为城市标记的高塔天封塔不远处,有座寺庙叫延庆寺,曾经作为天台净土教的大寺盛极一时,信徒上万。以延庆寺为中心而在宁波发展起来的天台净土教催生了统称为"宁波佛画"的一系列天台佛画。[1] 其作品多以阿弥陀三尊、十王图、罗汉图、佛涅槃图等与净土教有密切关系的人物、故事为主题。

奈良国立博物馆收藏的"佛涅槃图",是宁波佛画的代表作。图中画着横躺在宝台上的释迦牟尼和因此而悲痛欲绝的十大弟

---

[1] 单国霖,《"千年丹青——日本、中国珍藏唐宋元绘画精品展"简评》,《文汇报》,2010年11月2日。

羽人竞渡——宁波发展史话

子,背后是两颗由宝石、玉石构成的七层树叶的宝树。据说释迦牟尼涅槃的地方生长着娑罗双树,而这幅画中却画着生长在阿弥陀的极乐净土的七层行树,有专家认为这反映了二月十五佛涅槃日举行念佛大会的延庆寺的净土信仰。而且,画面右下角署有"庆元府车桥石板巷陆信忠笔"的字样,由此可以知道这是宁波被称为庆元府时的庆元元年(1195年)以后的南宋作品,是佛像画师陆信忠的作品。他的画室建在车桥石板巷,离当年日本船舶到宁波靠岸的码头不远。车桥一带,还有两位画师的画室,即现收藏于美国大都会美术馆的"十王图"的作者金处士和收藏于东京国立博物馆的"十六罗汉图"的作者金大受。他们的宁波佛画作品,经由僧人、商人之手,远渡重洋,来到日本,从镰仓时代起逐渐成为大量有名的作品"十王图"和"十六罗汉图"的临摹样本。

　　随着越来越多的日本僧人访问中国禅宗五大寺庙之中的天童寺和阿育王寺,普陀山也逐渐成为日本僧人必到之处。日本的临济宗法灯派祖师无本觉心(1207~1298年)于宝治三年(1249年)从日本博多出发,来到宋国,最初访问普陀山,其后遍访阿育王寺、天台山、大梅山等寺院,并于宝祐二年(公元1254年)从宁波乘商船回国。不料途中遇到风暴,觉心取出所带的观音小画像祈求平安,果然船帆上方出现观音月轮瑞像,海面顿时风平浪静,一行得以顺利抵达博多港。在觉心创建的和歌山兴国寺里,珍藏着当年祈求用的观音像,虽然不大,但肯定是中国画师的作品。入宋后首先朝拜了普陀山的觉心,很有可能是在离开宁波港前委托当地画师画了观音像。珍藏在日本长野定胜寺的《补陀落山圣境图》,画中将宁波标记为"庆元路",明显画着元代的普陀山风景。从画面右上角的地平线升起的太阳旁边,写着东行至日本意思之类的词语,清楚地显示宁波 — 普陀山 — 日本这条海上纽带。

图④　南宋宁波佛画佛涅槃图(奈良国立博物馆藏)

作为水墨画大成者的日本"画圣"雪舟（1420~1506年），于成化三年（1467年）随遣明使到达宁波港后，马上前往天童寺参禅。他被授予禅班第一座的职位，这可能是荣西以来给予日本僧人最高规格的礼遇。回国后，他经常在自己的代表作如《慧可断臂图》等作品上面得意地署名为"四明天童第一座"。现存的雪舟71岁自画像的复制件也有同样的署名。雪舟把他的几幅宁波风景素描以摹本的形式留给了后世。这些画正是日本僧人们一直憧憬的"圣地宁波"的风景。

图⑤ 雪舟宁波画

明州牒：唐代日本僧人宁波求法的故事

唐代继承汉晋以来的传统，规定凡外出旅行经过关隘、渡口等必须出示官府颁发的通行证，称为"过所"，也就是"允许通过本所"之意。申请"过所"须由申请人备具"牒"文，一般需说明申请人姓名、年龄、携带物品名称及数量，同时说明活动区域等。

有意思的是，日本遣唐学生最澄到中国"求法"，曾经在宁波获得过一张通行证——明州牒，而且，这件唐代明州牒，至今保

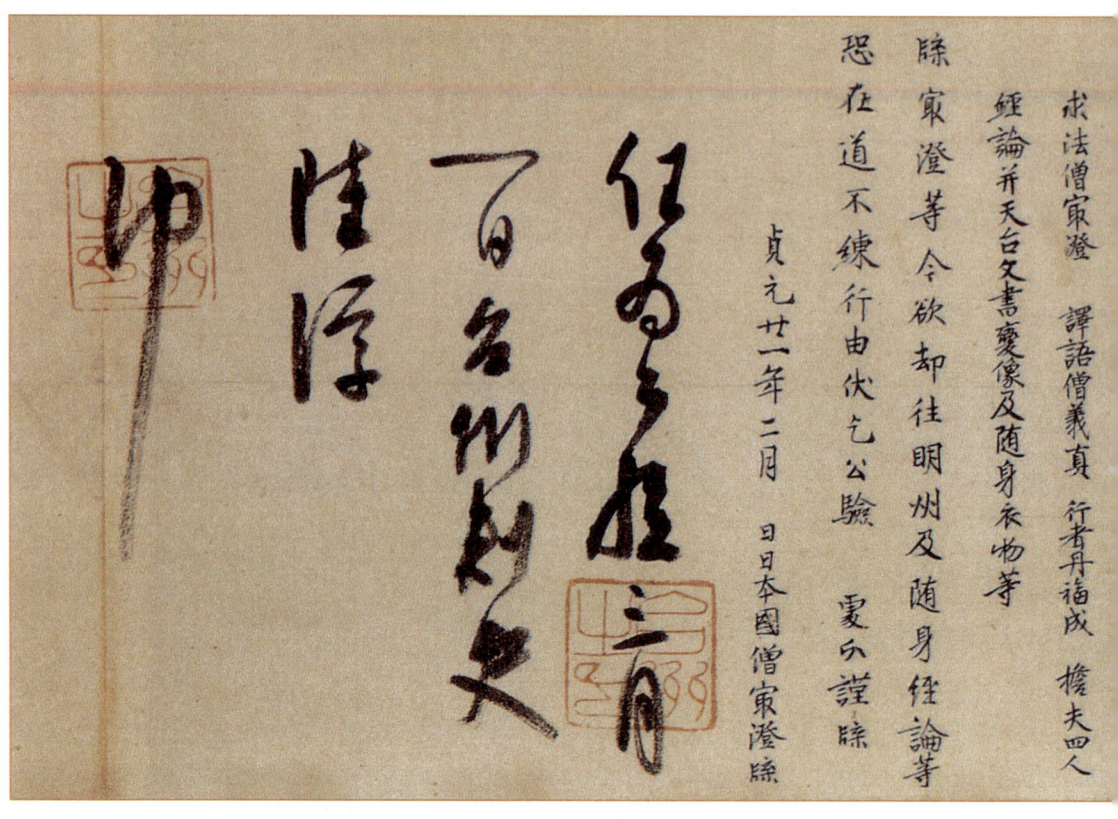

图⑥ 《明州牒》为最澄从明州去天台山途中明州书史孙阶发给的牒文与台州刺史陆淳的批文

存在日本,使我们得以了解当时的故事。

唐贞元二十年(804年),日本僧人最澄作为"入唐请益天台法华宗还学生",率弟子义真等人入唐。他驶抵明州的鄞县,与弟子义真、丹福成曾入住明州城内的开元寺(今小沙泥街一带),并在开元寺受戒。第二年,最澄向明州官府提出巡礼天台山的申请,获准后在明州、越州各地求法巡礼。当时明州府发给最澄的"公验",一般称之为"明州牒",又称"传教大师入唐牒",长100厘米,宽35厘米,为明州、台州两府文牒合二为一,系明州书史(掌管文书的官吏)孙阶发给他的牒文(通行证)与台州刺史陆淳的回牒。这件1200余年来保存完好的牒文,详细载录了最澄一行的身份和随带物品100余公斤,并关照沿途驿站给予照应。明州、台州两府牒文各盖有三个府印,府印规格均为6厘米见方。两牒共有三种书体,前两种分别是明州府和台州府文

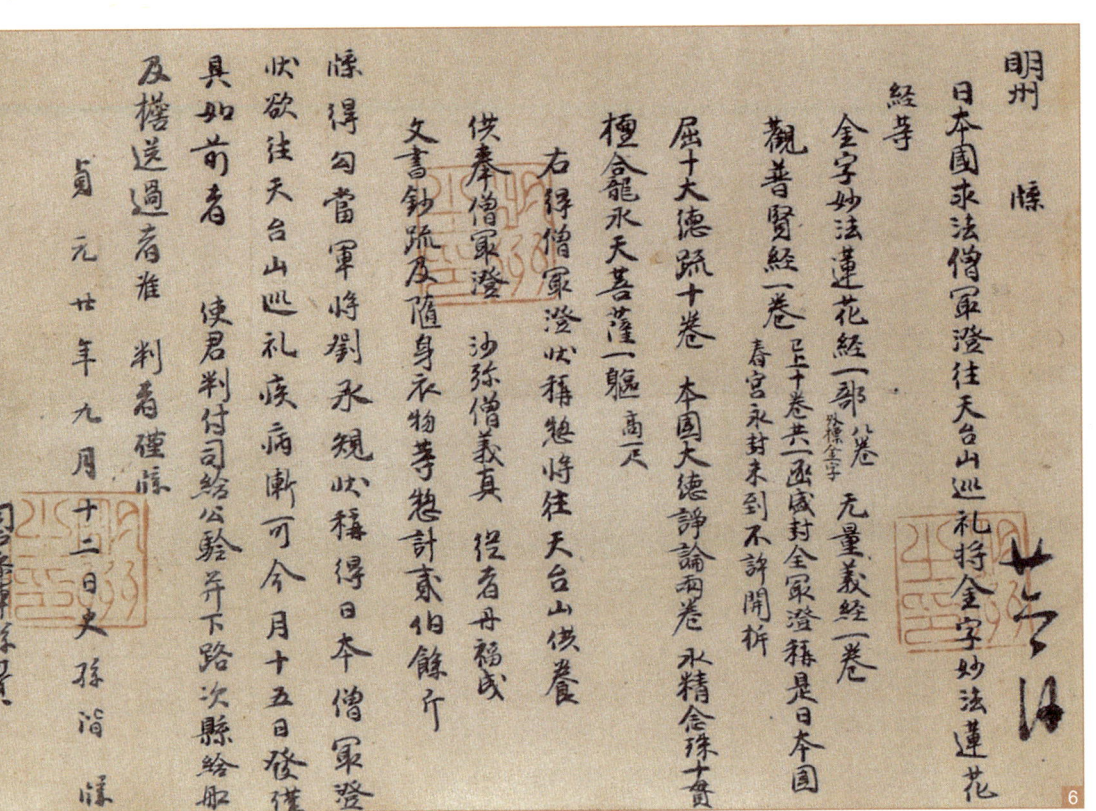

书书写的中楷公文,陆淳在额首、骑缝、落款的字体则为行草,潇洒飘逸。这张"明州牒"在宁波文化史、外交史等研究领域都具有重要意义。

最澄入唐求法经历是这样的:日本延历二十二年(803年)四月,最澄奉诏随遣唐使入唐求法。延历二十三年(805年)九月一日,最澄自长安出发去台州,因病在明州滞留多日。九月十五日自明州出发,二十六日到达台州府临海,谒见台州刺使陆淳,进献黄金十五两,并纸、笔、刀、火铁、兰木、水精珠等礼物。陆淳当即返回黄金,希望最澄入天台山,请道邃协助,用这些黄金购买纸墨,募人抄写《止观》等经典,以备日后归国传法。

道邃系天台宗七祖。日本延历二十三年是唐贞元二十年,道邃应台州刺史陆淳的邀请,正好在临海龙兴寺讲授《法华》、《止观》。最澄于到达台州府的第二天就随刺史陆淳和结束龙兴寺讲经的道邃，向距台州府北面60公里的入唐求法目的地——天台山进发。

天台山系天台宗的发祥地。最澄入天台山后，先后师从禅林寺僧修然和国清寺僧惟象。后来他又师从佛陇寺的座主行满，学习其他天台教义。行满对最澄入唐求法的影响相当深远，他赠予最澄天台经籍八十二卷，包括《法华疏》《涅槃疏》等。行满还手书条幅为证："昔闻智者大师谓弟子语，吾灭后二百岁，我法将于东国兴隆。圣语不朽，今日得遇此人也，吾愿将所披阅之法门悉付日本阇梨，当携此至东国传灯。"手迹上，还盖有行满的印章。

最澄在唐求法期间，不仅学习天台宗教义，还赴越州，师从兴隆寺顺晓，受三部《灌顶》和唐密教正统派教义。明州刺史郑富则给予最澄高度评价，他在送给最澄的书籍上写道："最澄阇梨性禀生知之才，来吾礼义之邦，万里求法，视险如夷，不惮艰劳，是以神力保护。南登天台岭，西泛镜湖水，穷智者之法门，探灌顶之神秘。真可谓法门之龙象，自青莲池涌出。"

日本延历二十四年（805年）五月十八日，最澄结束了在唐求法活动，受遣唐使指示，随第一船回国大使，从明州出航，六月五日到达对马阿礼村，七月一日随大使藤原葛野晋谒天皇。最澄自唐带回的经典书籍总计127部，347卷，其中有道邃赠送的《维摩经私记》1卷、《大般涅槃经私记》10卷、《止观记中异义》1卷、《天台沙门乾济集》3卷，还有《台州录》《台州求法略目录》《天台随部目录》《天台疏点经目录》《法华部》《止观部》《禅门部》《维摩部》《涅槃部》《杂疏部》和《别家部》等。

最澄回国后，在京都比睿山创立日本天台宗，今下属有4300余座寺院，近300万信徒，比睿山延历寺于1994年被评为世界文化遗产。延历寺至今还完好保存着最澄当年带去的"明州牒"，以及盖有"明州之印"的《传教大师请来目录》，从唐朝带去的刺纳袈裟等,都是日本国宝级文物。

旅日华侨石刻:一段佛教功德路的故事

1931年,宁波拆毁古城墙已近尾声,时任国立北京大学教授的马廉,因儿子病重而回家乡宁波照顾儿子。其间,他发现城墙里有大量的汉晋古砖,历史文化价值很高,便早出晚归去断墙残壁边寻找,用麻袋装归,灯下敲拓,著录《鄞古砖目》一册。1933年,宁波文化界人士筹款维修天一阁,并在阁后移建尊经阁和明州碑林,马廉就将自己收集的数百块古砖全部捐赠给天一阁,天一阁特辟一室予以储存陈列,因其中有近千块珍贵的晋砖,所以命名为"千晋斋"。自此,千晋斋便成了天一阁的一个组成部分。

在马廉赠捐的"千晋斋"古砖石里,有三块南宋旅日华侨砌路石刻,如今放在宁波博物馆主题展中陈列。

旅日华侨砌路石刻记载了南宋孝宗乾道三年(1167年),侨居日本太宰府博多津的丁渊、张宁、张公意三人为明州一所寺院募修通向寺门礼拜路的故事。旅日华侨砌路石刻是国内现存最早的华侨文物,也是反映中世纪以宁波和博多为出入港的中日交流的珍贵实物资料,铭文反映了古代宁波有修佛教功德的习俗。

碑文1:

日本国太宰府博多津居住弟子丁渊,舍身十贯文,砌路一丈。功德奉献三界诸天、十方智圣、本(宅)上代、本命星官、见生(眷)(属)、四总法界众生、同生佛果者。乾道三年四月日。

大意:居住在日本国太宰府博多津的佛家弟子丁渊,乾道

图⑦ 南宋旅日华侨砌路石刻之一

三年(1167)四月吉日,为募修(明州某寺院的礼拜用)一丈长路面,舍钱十贯。此功德奉献给三界诸天、十方智圣的佛菩萨、本宅上代、本命星官、见生眷属等诸天神,愿与法界众生一同在佛的世界里成佛。

碑文2:

　　日本国太宰府居住弟子张宁,舍身砌路一丈。功德奉献三界诸天、宅神香火、上代先亡、本命元辰、一切神祇等。乾道三年四月。

碑文3:

　　建州普城县寄日本国孝男张公意,舍钱十贯,明州礼拜路一丈。功德荐亡考张六郎、妣黄氏三娘、超升佛界者。

这两块石刻和第一块一样,记载了弟子、孝男发愿心,奉献诸神和祖先，以祈福祥的期望。这和南宋天封塔地宫殿上捐资佛教的发愿心铭文一样，说明捐资佛教以求福报的行为，是当时城市的风尚。

日本博多是九州最古老的港口城市之一，古名为那津或博多津，指福冈市博多区，是九州第一大城市福冈市的中心区域之一。博多在七、八世纪时即是日本和中国相通的门户，是遣唐使的出航地，十一世纪的镰仓时代成为与宋人贸易的据点。那时的海商多自今日宁波出发，到达的是今日福冈市的博多。他们有的往返海上，有的在这里娶妻生子，定居下来。那时还没有华侨华人的名称，日本人管他们叫作唐人。那时代的博多人口有两三万人，其中就有一千数百户唐人家庭，以致大约千年前在博多出现过一条日本最早的中华街 —— 大唐街。

秘色瓷荷花托盏：禅茶一味

唐代诗人孟郊有"越瓯荷叶空"的诗句，赞赏越窑荷花形茶盏。宁波出土有一件国内罕见的唐代秘色瓷荷花托盏。这件荷花托盏充分反映了东南佛国宁波佛教文化和茶文化的交融、兴盛。

该托盏为1975年宁波市和义路遗址唐"大中二年"纪年墓中出土，由茶盏和盏托两件器物配套组合而成。茶盏高6.5厘米，口径9厘米，造型犹如一朵盛开的莲花，口沿作五瓣花口弧形，外壁压出内凹的五条棱线，形成五个花瓣的界线效果，茶盏内外素面无纹；盏托高3.4厘米，口径15厘米，仿荷叶形，薄薄的边缘四等分向上翻卷，极具被风吹卷的动感。盏托中心内凹，刚好稳稳地承接茶盏，看上去似一件不可分开的整体，构成了一幅轻风吹卷的荷叶载着一朵怒放的荷花在水中摇曳的画景。整个托盏青翠莹润如玉，设计巧妙，造型动感，胎釉结合紧密，被鉴定为

国家一级文物,堪称越窑秘色瓷代表作。

"越窑"之名,最早见于唐代。唐代开始以所在州名命有名的瓷窑,唐茶圣陆羽在他的《茶经》中根据品茶的要求,对各地几个重要瓷窑烧制的茶碗进行了排列:"碗,越州上,鼎州次,婺州次,岳州次,寿州、洪州次。"他还说:"越瓷类玉,越瓷类冰。"当时,越窑的主要窑场在越州的余姚、上虞一带。因此,越窑是指坐落在唐代天宝年间越州辖区(会稽、山阴、诸暨、余姚、剡、萧山、上虞七县)内的窑场,以出产类玉似冰的青瓷而著称。这个范围以外的窑场,尽管生产越窑风格的青瓷,但不能被称为越窑,而只能归为越窑系窑场。越窑自东汉开始生产,一直到宋,延续千余年。唐、五代时期是越窑发展的鼎盛时期,代表了青瓷的最高水平,博得当时诗人纷纷赞美,如颜况"越泥似玉之甄",许浑"越甄秋水澄",陆龟蒙"九秋风露越窑开,夺得千峰翠色来"等。唐代中期,明州上林湖窑产品因质地超众,被朝廷录为贡瓷,并置官监烧。晚唐起至五代时期,越瓷中的贡品又得了一个千古绝唱的"秘色瓷"之称谓。"秘色"一名最早见于唐代诗人陆龟蒙的《秘色越器》一诗,应指稀见的颜色"千峰翠色"。1987年4月,陕西省考古工作者在扶风县法门寺塔唐代地宫发掘出16件越窑青瓷器,在记录法门寺皇家供奉器物的"地宫宝物帐

图⑧ 唐代秘色瓷荷花托盏

碑文"上,这批瓷器记载为"瓷秘色",为鉴定秘色瓷的时代和特点提供了标准器。据宋代文献记载,相传五代时吴越国王钱镠命令烧造越窑瓷器专供钱氏宫廷之用,臣下庶民不得使用,称为"秘色瓷"。以上资料说明"秘色瓷"于晚唐时开始烧造,五代时达到高峰。

这件越窑秘色瓷荷形托盏,充分反映出唐代宁波佛教文化和茶文化的兴盛,可谓是"禅茶一味"。

莲花是佛教四大吉花之一,也是佛教的主要象征,传说佛祖释迦牟尼出世后,立刻下地走了七步,步步生莲。在佛教中,佛国称"莲界",佛座称"莲台",佛寺称"莲宇",僧舍称"莲房",莲花图案也成为佛教的标志。因此,越窑秘色瓷荷形托盏的莲花、荷叶造型,烙上了深深的佛教文化印痕。

茶盏为饮茶用具,基本器型为敞口小足,斜直壁,一般较饭碗小,较酒杯大。瓷盏在东晋时已有制作,南北朝时饮茶之风逐渐流行起来。唐时茶盏又称"瓯",陆羽《茶经》中说:"瓯,越州上,口唇不卷,底卷而浅。"唐代饮茶方式主要为煎煮法,即将用茶叶制成的茶饼碾成茶末后用开水煎煮,煮浓后盛到茶盏中饮用,饮用时将汤及茶末一起喝下。为防止刚烧开的茶汤烫手,也为了敬茶礼节的庄重感,唐代流行"茶托子"——盏托,相传为建中(780~783年)蜀相崔宁之女所发明。

据陆羽《茶经》所述,至中唐时,全国种茶已遍及42个州和一个郡,其中包括明州(宁波)。唐代刘贞亮将饮茶好处概括为"十德":"以茶散郁气,以茶驱睡气,以茶养生气,以茶除病气,以茶利礼仁,以茶表敬意,以茶尝滋味,以茶养身体,以茶可行道,以茶可雅志。"据2009年1月10日《宁波日报》报道,在日本金泽大学举行的宁波余姚田螺山遗址自然遗存综合研究日方成果报告会上,专家宣布田螺山遗址出土了6000年前人工种植的古茶树,为世界最早种茶之发现!可见宁波种茶历史之悠久。

佛教自汉代传入中国后，很快与茶结下了不解之缘。《茶经》记载：晋代敦煌人单道开，在河南临漳昭德寺不畏寒暑"坐禅"，靠饮茶来防止睡眠。这是茶与禅相联的最早记载。佛教认为茶有"三德"：一是醒脑，坐禅通夜不眠；二是助神，满腹时能助消化，轻腹时能补充营养；三是清心"不发"，不乱性。众多高僧对茶的推崇，使茶成了养生正心之物，僧众视茶为"神物"，以茶养生，以茶供佛，以茶释经，以茶祭祀，以茶正心。到唐代，"饮后三碗茶"成了"和尚家风"，饮茶成了寺院制度之一，逐渐把茶与佛教清规、养心悟性、人生哲学融为一体，"吃茶去"成了禅林法语，使茶与禅在精神上达到互通而至于"禅茶一味"。唐僧人皎然在诗中写道："一饮涤昏寐，情思爽朗满天地。再饮清我神，忽如飞雨洒轻尘。三饮便得道，何须苦心破烦恼。"

宁波是"海天佛国"，唐代，日僧最澄（767~822年）来宁波研修佛学，并带回茶籽传播到日本。可以说，是唐代的禅文化、茶文化，再加上冠绝当时的越窑青瓷工艺，催生了这精巧绝伦的"越窑秘色瓷荷花托盏"。

保国寺大殿：千年佛寺木构遗产

保国寺位于宁波城区西北，是宁波郊区灵山之麓的一座寺院，占地面积13280平方米，建筑面积6000平方米。现存建筑在中轴线上自南而北有山门、经幢、天王殿、大殿、观音殿、藏经楼，两侧有钟楼、鼓楼和僧舍。

保国寺大殿是全寺的主殿。现存大殿重建于北宋大中祥符六年（1013年），至今已历经千年法雨。它是中国现存最古老的木结构建筑之一，也是中国江南幸存的最古老、最完整的木结构建筑，早在1961年3月便被国务院公布为第一批全国重点文物保护单位。

保国寺大殿为单檐九脊殿，平面进深大于面阔，呈纵长方形，这在同时代的佛殿建筑中极为罕见。整个大殿的全部结构皆用斗拱之间的巧妙衔接和精确的榫卯技术，不用一枚铁钉而将建筑物的各个构件牢固地结合在一起，承托起整个殿堂屋顶50余吨的重量。用材硕大，相当于宋《营造法式》所定的五等材。在大殿前槽天花板上，还巧妙地安排了三个与整体结构有机衔接的镂空藻井，用天花板和藻井遮住了大殿的梁架，下面不易看到，故被称为"无梁殿"。无梁殿除建筑风格独特外，还有虫不蛀、鸟不入、蜘蛛不结网、灰尘不上梁之奇。

保国寺大殿在中国建筑史上具有很高的历史、艺术和科学价值。大殿营造时正值宁波"海上丝绸之路"全盛时期，与阿育王寺、天童禅寺一样，保国寺在传播天台宗等方面起到了一定的作用，其建筑艺术对日本、高丽等国家的佛教建筑有较大的影响，是宁波向日本、韩国等传播建筑技术的佐证孤例。清华大学著名建筑史教授郭黛姮先生在其所著《东来第一山——保国

图⑩ 保国寺大殿镂空藻井

寺》中论述道：保国寺大殿建筑比世界建筑巨著北宋《营造法式》成书还早90年，是《营造法式》文献的实例见证。2004年7月，国际古迹遗址理事会尤嘎先生在考察保国寺期间，由衷地发出"宁波人民有创造力，这就是世界文化遗产"的赞叹，对宁波先民伟大的创造给予高度评价。

保国寺所在的山叫灵山，灵山为四明山之余脉，又称鄮峰。保国寺背枕鄮峰，左辅象鼻，右弼狮岩，宅幽而势阻，地廊而形藏，寺院若隐若现于云雾中。相传东汉光武帝建武年间，骠骑将军张意及其子中书郎张齐芳隐居于此，佛教传入后，张氏舍宅为寺，后改名灵山寺。

灵山，按古代风水堪舆观念，是宁波城的后镇山。清代《四明谈助》记载："山之西，峰联，耸如马鞍，又名'马鞍山'，乃府治后镇山也。""山以汉时骠骑将军张意隐居于此，又名骠骑山。山脉东南至夹田桥，东北直至鄞之江北岸青墩，为府治后托。"

唐代，经历"安史之乱"以后，社会经济凋敝，赋税加重，民众纷纷出家，以寺院为避难所。唐武宗会昌五年（845年），官府下令拆毁寺宇，勒令僧尼还俗。据统计，当时全国拆毁大寺4600余所，小寺4万余所。灵山寺在这次灭法活动中被废。

会昌六年唐武宗李炎死，宣宗李忱继位，大中元年（847年）

四月开始又在全国恢复佛寺。唐广明元年（880年），宁波国宁寺僧可恭，应施主之要求，带上刺史的奏请，前往长安上书朝廷，请求复寺。时值关东大旱，可恭"跪诵莲典，未终，霖雨大澍，禾黍旆穗，民气获苏。有司奏状，遂得召见"。可恭求雨之事得到朝廷赞赏，唐僖宗召见他并批准他恢复灵山寺的请求，同时，还请可恭在长安弘福寺（唐僧玄奘取经归来之所）讲五大部经，约有三个月之久。可恭法誉大振，唐僖宗非常高兴，敕"保国"之额名并赐可恭紫衣袈裟一袭，勉励他还山建寺。

唐僖宗为什么赐额"保国寺"名称呢？因为当时国家形势正值遭遇连年旱灾，爆发黄巢、王仙芝等农民大起义，起义军逼近长安，朝廷岌岌可危，唐僖宗祈愿佛祖能保佑国家平安，便赐名"保国寺"。与保国寺同时赐名的还有京城长安的"护国寺"。这是保国寺第一次获得皇帝赐名。

保国寺在创建之时，规模不大，再加上唐代晚期佛教发展缓慢，社会动荡，保国寺寺院建筑未能存留至今。

北宋开国之初，朝廷派人赴印度求法，恢复自唐元和六年（811年）中断的佛经翻译工作，设立译经院、印经院等。宋真宗时期（998~1022年），进一步支持佛教的发展，放宽了度僧名额，在京城和各路设立戒坛72所，对寺院采取豁免徭役和赋税的优待政策，致使寺院数量有所增加。据天禧二年（1018年）统计，全国有寺院近4万所。而这时在浙江四明山区的寺院中，天台宗传人知礼，宣教著书，被朝廷赐以"法智大师"称号。知礼门下有"南湖十大弟子"，传承天台宗教理，其中出家保国寺的则全，被南湖十大弟子推为首领，朝廷赐号为"德贤"。德贤早在宋真宗大中祥符四年（1011年）时"复过灵山，见（保国）寺已毁，抚手长叹，结茅不忍去"。德贤与弟德诚及徒众"鸠工庀材，重修寺院"，"赤手营造山门、大殿"，并得到附近乡里及邑令、县尉等人的支持，经过六年时间将保国寺"山门、大殿悉鼎新之"。其中大殿于大中祥符六年（1013年）建成。由于大殿的结构形式"甚奇，为四明诸刹之冠"，由此迎来了保国寺的第一次中兴。至宋治平二年（1065年），保国寺又被皇帝赐名为"精进院"。"精进"是佛教衡量修行的标准之一，保国寺得到精进院的赐额，表明它在当时确实具有一定的地位，引起了朝廷的重视。

南宋高宗绍兴年间（1131~1161年），保国寺开凿了净土池，栽四色莲花，同时还建了法堂，保国寺的佛教宗派也由天台宗变为兼修净土宗，净土池保留至今。

天封塔地宫殿：宋代佛殿模型

位于宁波市海曙区大沙泥街西端与解放南路交叉口处的天封塔，始建于唐武则天天册万岁至万岁登封（695~696年）年间，因此而得名。相传初为僧伽塔，建造时用堆沙垒高操作，周围留下大量沙泥，大沙泥街、小沙泥街由此得名。古代宁波人视天封塔为镇州宝塔，平时用作灯塔，塔顶高悬明灯，照示水陆船只和行人，战时还可作报警的烽火塔。

1982年重修天封塔时，考古人员从塔基地宫发掘出140余件文物和100多公斤历代钱币，这其中有一座纯银打制通体镏金的宫殿模型，殿檐下有一块匾额，上书"天封塔地宫殿"文字，地宫中出土的众多珍贵佛教文物，包括一整套佛像、法器和有关装饰物，就按宋代的佛殿形式摆放在这件地宫殿模型内。

地宫殿为一座面阔三间、进深两间的单檐歇山顶建筑，通高49.6厘米、通面阔34厘米、进深24.7厘米。有墙壁、欢门、格扇、幔幕和台基四周设置的栏杆。梁架采用抬梁式与穿斗式混合构架。柱有龙纹柱4根、莲荷纹柱6根。柱础为覆莲式。斗拱为一斗三升。拱眼壁绘有花纹。屋面为九脊顶，两端各置一鱼形鸱吻。中央置火焰宝珠。垂脊端置垂兽，部分为盾牌形鬼面瓦。

图⑪ 南宋天封塔地宫殿

戗脊中心以鬼瓦式戗兽相隔,后段与垂脊同,脊上安三个垂兽,博风板呈梯形,头作卷瓣。悬垂长方形,上为卷云,中荷叶莲花,下为含苞欲放的荷花。惹草由莲花图案组成。屋面四个起翘的戗角下角梁安龙头状套兽,其下圆筒状风铎,内悬云纹风板。台基,包括基座、四周栏杆和台阶,外观为须弥座式,雕双狮滚彩球及花草图案。栏杆由拦板、望柱组成,为单层勾栏。

墙面雕幡幢,上覆荷叶,下以莲花、莲子承托。门有隔扇门两道和壶门三道。宫殿当心间及殿内布置帷幕。整个模型,通体镏金。

地宫殿墙面东、西两壁镌刻楷书铭文,是珍贵的文献史料。东壁刻发愿铭文7行,共125字。西壁有铭文7行,每4字为一句断开,每行20字,共140字,文如下:"明州鄞县　东渡门里

生姜桥西　居住弟子　赵允并妻　李氏四娘　二男京宗　长次媳妇　包五六娘　叶六乙娘　男孙功保　次孙真保　女孙五四　五七五九　六十六二　与阖家等　特施家财　命工打造　浑银地宫　三圣佛像　共成一殿　舍入天封　续佛慧命　建就伽蓝　功响三途　福助天成　所生长幼　德惠囗成　阿吒薄梵　共明斯愿　太岁甲子　绍兴十四　二月十五　干僧德华　银匠陈资。"

　　塔基地宫设殿，且有匾额，在以往的考古发掘中，尚未见到。地宫殿建筑模型与中国最早的建筑制度——北宋《营造法式》规定的制度相符合，在一定程度上反映了南宋绍兴年间，长江以南，尤其是江浙一带的建筑制度、式样及其特点，对研究江浙地区的建筑史极有价值。同时，铭文记载了因金兵侵略宁波，使城市寺庙等建筑遭到破坏，市民捐资重修天封塔的史实。

【十二】 宁波文化的「非遗」记忆

斗转星移，岁月如梭，城市日新月异，古老的宁波如许多古城一样，在人们的视界中正渐渐远去……

幸运的是，传统文化如不熄薪火，代代传承。

或许有人要问：我只看到现代化，传统文化到底在哪里？或许有人会说，那些老旧的传统文化，还跟我们现代生活有关系吗？

其实，一个地方的文化基因总是如影随形，在当地的意识里、习惯里、方言中……以及在过去和将来的生活中，深深扎根。

宁波老字号、名菜名点、岁时节俗、传统工艺、地方戏曲等等，是宁波传统文化的种种表现形式，传统文化是宁波人的情感追忆、价值追求和精神家园，也是宝贵的非物质文化遗产。

作为国家历史文化名城，宁波各种古代文物遗产厚重，而通过人们记忆、口头相传的各种非物质文化遗产也多姿多彩。目前宁波有国家级非物质文化遗产项目21项、省级非物质文化遗产项目79项，还有众多市级、区县级非物质文化遗产项目。让我们透过宁波传统文化，去寻找老宁波的"回家"之路，去品味文化名城的魅力，去感悟老宁波迈向现代化的未来！

富有乡土人情味的老字号

"无宁不成市"，宁波人向以善于经商而闻名于世。旧时宁波老城区，一批恪守商业操行的店家，讲究诚实守信，老少无欺；货真价实，薄利多销；艰苦创业，和气生财，天长日久，便在民众中形成了良好的口碑，于是，富有乡土人情味的"老字号"招牌也就应运而生。

有首歌谣唱的是宁波的百年老字号生意：

缸鸭狗卖汤团，五老峰卖香肠，楼茂记卖香干，赵大有卖金团，老大有卖高包，董生阳卖橘饼，宝兴斋卖肉包，孟

> 大茂卖香糕，老同源卖咸货，崔兴泰卖鲜货，天宝成银楼卖金银，冯存仁堂卖药材，大有丰卖百货，源康布店卖洋布，老三进卖鞋帽，老德馨卖香烛。

这些与市民生活息息相关、颇具地域特色的老字号，成为宁波商业文化发展的历史见证。对于"老宁波"来讲，老字号是那么亲切。在早年离乡的宁波人眼里，老字号是乡愁的由头，在今天的宁波人眼里，老字号的传统技艺是文化的传承。

"缸鸭狗"甜食店是其创始人江定法1931年开设的，地点在老城隍庙。江定法小名阿狗（在宁波，小孩取阿狗、阿猫名，大人认为可以好养一点），他年轻时在外国货轮做学徒，成家后在开明街摆了个汤团摊，后来又在城隍庙看中一个店铺，由于没有念过书，不会写店名，他就以一幅画作为店铺的幌子，画了一只水缸，一边是只麻鸭，一边是只黄狗。图的意思是江定法姓江，宁波话"江"、"缸"同音，他小名阿狗，宁波话"阿"与"鸭"同音，所以"阿狗"宁波话与"鸭狗"同音。汤团寓含团圆、如意之意，在宁波已有700多年的历史，"缸鸭狗"以汤团制作最为有名。"三更四更半夜头，要吃汤团'缸鸭狗'。一碗下肚勿肯走，二碗三碗发瘾头。一摸袋袋钱勿够，脱落布衫当押头。"这首相传已久的顺口溜，生动地描绘了宁波"缸鸭狗"猪油汤团色香味形俱佳，赢得乡亲迷恋的情景。

"王升大"米店创始人王兴儒在1889年开办了米店，前店后厂，收购粮食加工成大米销售。王兴儒开的米店起初并不叫"王升大"，只是叫"王记"米店。为什么叫王升大呢？原来，按照当时米店的规矩，卖米时，高出升斗部分的米要用米尺抹平，而王家的掌柜却总是剩一只角不抹去，多留一点米给顾客，渐渐地，一传十，十传百，"王升大"的店号也被坊间老百姓叫开了。"王升大"老字号是在老百姓的口碑中树立起来的，而"王升大"的

故事是宁波传统商业文化理念的生动典型。

"楼茂记"酱品创建于清乾隆七年（1742年）。据传店主系奉化楼姓夫妇，他们开始在百丈街开设豆腐作坊，后定名"楼茂记"。所制香干色香味佳，清口细糯，名扬甬上，成为一大风味食品。

"昇阳泰"南货铺于1851年清朝咸丰年间创建，以经营南北货、宁式糕点为宗，所产苔生片、万年青、豆酥糖、香糕、水溻豆糕、胡桃茯苓糕、椒桃片等独具地方风味。昇阳泰南货铺恪守"按质论价，称准足量"行规，曾与灵桥门大同南货店、大有南货店、东门口董生阳南货店合称甬上南北货"四大家"。2002年，"昇阳泰宁波特产商场"最后一任私营业主葛来潮先生的遗孀——99岁的夏和凤老人，在其将要离开人世的时候，把祖传的糕点制作配方无偿捐献给该商场，一时传为佳话。

"寿全斋"药店原名寿全斋国药号，创建于清乾隆二十五年（1760年），创始人王立鳌、孙将壳。两人因同考举人相识而成为莫逆之交。王立鳌爱好医学，懂得药理。经过酝酿，两人决定合作经营药业，开店取名"寿全斋"，意为"延年益寿，药品齐全"。当时还特别延请翰林杨亨泰书写了贴金匾额。"寿全斋"以货真价实为宗旨，持尊古炮制为典律，以自制各种膏、丹、丸、散精致

图① 清代「王升大」米店
图② 宁波老字号楼茂记旧影

饮片和参茸补酒、药酒为传统，突出高档参茸补品、道地药材经营特色。1995年，寿全斋药店被国家授予"中华老字号"。原址在中山东路56号，今迁至开明街361号。

"源康"布店是清光绪三十年（1904年）由屠景山在日新街口开设的，后迁至东门大街。源康布店经营黑白蓝粗布、呢绒、绸缎、麻织品等，价廉物美，花色齐全，推行店员"半柜"服务，凡顾客进门从选料到发料均由店员全程服务，颇得市民信任。源康自设染坊，采用店坊合一，其染料一律为上等品，工艺考究，久不褪色。

老字号"状元楼"酒菜馆和"汲绠斋"书局，则反映出浙东文化除了学理上的精英性之外，还具有民间的世俗性。所谓文化的世俗性，是指文化依傍并服务于民众群体，与普通平民阶层的世俗生活保持着密切的联系，走进百姓生活。

"状元楼"是宁波酒菜馆头块招牌，创建于清乾隆五十年（1785年）。相传清代有一举人，赴京赶考前因在该店吃了一道名为"独占鳌头"的甬帮名菜"冰糖甲鱼"而高中状元，回乡时即题额"状元楼"送予店家作招牌。此后，"楼以菜扬名，菜为楼增色"，状元楼遂赢得了"浙东第一楼"的美誉。状元楼以经营正宗甬帮菜闻名，民国期间，蒋经国曾两次偕妻光顾状元楼品尝冰糖甲鱼。1995年，状元楼被国家授予"中华老字号"金匾。原址位于三江口畔江北岸。

"独占鳌头"一词出自元代无名氏《陈州粜米》楔子："殿前曾献升平策，独占鳌头第一名。"鳌头指的是古代宫殿门前台阶上的鳌鱼浮雕，科举进士发榜时状元站此迎榜，皇帝在殿前召见新考中的状元、榜眼等人。状元跪在前面，正好是飞龙巨鳌浮雕的头部。原指科举时代考试中了状元，现泛指占首位或第一名。传说居住于东海之滨天台山的羲和部落具有非常丰富的天文知识，他们最早识别北斗七星并把离斗柄最远的一颗命名为魁。其后人伯益成为部落首领时曾在扶桑山鳌头石梦遇魁星，受其点化而著《山海图经》。后人遂尊魁星为文运功名禄位之神。魁星形象为赤发蓝面，翘足，捧墨斗，执朱笔，立于鳌头之上。据此典故，自唐代始考生在迎榜时都是让头名状元站在鳌头之上，称为"魁星点斗，独占鳌头"。

"汲绠斋"书局是一家具有百年以上历史的"老字号"书坊，兼刻书与售书，在晚清民国间宁波规模最大，历史也最为悠久。"汲绠斋"创办于道光初年，由鄞县三桥鲍家、慈溪乍山严家数家合资经营，店址在宁波日新街口。"汲绠斋"这一称谓，取自成语"绠短汲深"典故。《庄子·至乐》："褚小者不可以怀大，绠短者不可以汲深。"意思是说用短绳系器不能汲取到深井的水，比喻浅学不足以悟深理，说明书的重要性。光绪中后期，书局经理接班人已是鲍永年。1897年，同乡人鲍咸昌兄弟在上海创立商务印书馆，汲绠斋书局曾输送经验丰富的职工前去支援，因此汲绠斋书局与商务印书馆一直保持着特殊关系，为商务印书馆在宁波的总经销商。鄞县、慈溪、镇海、余姚、奉化、象山、宁海、定海等地书店销售的教科书，均向汲绠斋书局订购。

勾起游子乡愁的宁波名菜名点

宁波饮食文化源远流长,最早可以追溯到 7000 年前河姆渡文化的"饭稻羹鱼"。数千年来,得天独厚的濒临东海的地理条件,造就了宁波饮食文化独特的海鲜品味,并形成了地域风格鲜明的"甬菜"与"宁式糕点"。这些地方风味,往往会勾起那些在外打拼的宁波帮人士的乡愁。而当我们津津有味地品尝那些宁波名菜名点时,实际上也是在品味名城的传统文化。

"甬菜"采用原料以海鲜居多,品味重咸,鲜咸合一。烹调方法以蒸、烤、炖、爆、炒、起浆见长,菜肴讲究鲜嫩软滑,注意保持原汁原味。循着宁波人出外经商、创业的足迹,甬菜传播至海内外。旧时大上海的西藏中路有家"宁波饭店",原名"甬江状元楼",擅长烹制海鲜,如苔菜拖黄鱼、黄鱼羹、醋溜鲨鱼、青蟹炒蛋等。

长久以来,"甬菜"形成了十大传统名菜:

"冰糖甲鱼"无疑是宁波十大名菜之首,它别称"独占鳌头",寓意吉祥,为甬江状元楼首创。此菜色泽黄亮,软糯润口,香甜酸咸,风味独特。此菜也是一种滋补品,甲鱼与冰糖同炖,具有滋阴、调中、补虚、益气、祛热等功能。

"剔骨锅烧河鳗"也是一道滋补名菜,佐酒极品。宁波多江河湖泊,所产河鳗甚多。在本地江河湖泊所产者,俗称"本塘河鳗",更是鳗中珍品。锅烧河鳗,又以剔骨锅烧鳗最为著名。河鳗具有滋补强壮之功效,此菜需用本塘河鳗,烧制要有高超技术,鳗皮不能有破损,色泽黄亮,鳗肉鲜嫩,绵糯香醇,味鲜而略甜,汁浓有泡。

"网油包鹅肝"相传在宁波风行已有 2000 年历史,属于传统蒸菜。鹅肝营养丰富,且有补血补目功效。此菜以鹅肝为主料,具有重油不腻、肝香味醇、软糯适口、老幼皆宜的特点。

从以上三道名菜可以看出，宁波传统饮食十分讲究滋补。而甬菜最擅长的还是以特色佐料取胜："苔菜小方烤"是宁波价廉物美、富有地方特色的名菜，很受食客的欢迎。此菜做法是将薄皮五花肋条猪肉块切成小块放入油锅，同时加入黄酒、红腐乳汁及白糖等佐料，选取本地产苔菜扯松，剪成一寸多长，放入油锅速炸至酥，立即捞起盖在肉上，再撒上少许白糖。菜的颜色红绿相间，酥糯相济，鲜香相配，咸甜相共。"宁式鳝丝"的做法是活鳝斩头剔骨，划为两三条，切成小段，与姜丝煸炒，加酒、韭芽、葱段，淋上麻油，嫩滑香鲜，油润肥美。"火踵全鸡"选取农家新母鸡一只，将洗净的鸡肫、鸡肝、鸡心等内脏放入鸡膛内，先用沸水煮，取出放入汤碗内配以香菇、笋片、木耳等多种佐料，再放入蒸笼，以旺火蒸约一个小时。此菜鸡肉酥嫩，汤味鲜香，形状美观，原汁原味。

大黄鱼肉嫩味鲜少骨，自古有"琐碎金鳞软玉膏"之誉。黄鱼是宁波人的最爱，在十大甬菜中，就有四道黄鱼菜。"黄鱼海参羹"是一道营养丰富的名菜，以宁波特产黄鱼以及海参为主要原料，特点是鱼肉嫩滑，海参绵糯，色彩淡雅，味美鲜香，且老幼皆宜，佐料下饭俱佳。"苔菜拖黄鱼"选取新鲜黄鱼洗净斩头、去尾剔骨，用精制面粉和本地产的苔菜粉作料，调成糊状，将鱼肉挂糊，炸成金黄色即成。此菜软糯鲜嫩，散发苔菜的清香味。"腐皮包黄鱼"具有腐皮酥脆、鱼肉鲜嫩、外酥内嫩、营养丰富的特点，食时蘸醋，味道更佳，老幼皆宜，佐酒下饭皆妙。"雪菜大汤黄鱼"采用宁波土菜雪里蕻咸菜，和大黄鱼一起烧制，产生一种特殊的鲜香味，鱼肉嫩，菜香浓，清口鲜洁，营养丰富。

除了十大甬菜，宁波还有"臭"名远扬的"三臭"小菜。

过去宁波渔民出海，船上有一些食物因保存不当而变臭，然而他们却意外地发现许多食物发酵后，散发出的是诱人的香臭。宁波人由此悟出了至臭即变至香的哲理，专门制作发酵臭菜，形成了具有地方传统特色的宁波"三臭"，分别是臭冬瓜、臭苋菜梗、臭菜心（芋艿梗）。宁波人形容三臭的口感，说是："软塌塌""香糜糜""臭兮兮"，臭里带咸，咸中带香。其特点是：闻闻是臭的，吃吃是香的。比如臭冬瓜是全国独有，吃在嘴里，先是臭味扑鼻，随之而来的却是一股幽幽的清香。在旧时的宁波农家，没有这些臭小菜下饭，难以"落胃"。宁波"三臭"是选用当地品种的白肤冬瓜、苋菜管、芋艿蕻，采用特有的传统工艺，腌制、配方、加工而成，具有除腥、口感凉爽等特点，是宁波的传统名菜。长期食用"三臭"小菜具有一定的通气开胃活血功能，能促进食物消化，可起到一定的减肥作用。其做法是将冬瓜（苋菜管、芋艿蕻）洗净后，切成块状，焯成八成熟，沥水冷却，均匀地撒上盐，分层装入甏内，加入臭卤，用箬壳封口，放阴凉处，一个月后可随时食用。由于臭卤多为豆腐块经发酵而成，含有丰富的氨基酸。臭味主要由蛋白质在分解过程中产生的硫化氢气体所致。臭卤中的这些成分在甏内与冬瓜（苋菜管、芋艿蕻）块融为一体，并日趋腐熟，臭中有异香。同时，冬瓜等块通过微生物发酵，原来难以为人体所吸收的营养成分变得极易为人体所吸收。

除了大菜、小菜，许多"宁式名点"也独具特色。

"猪油汤团"据考证始于宋元时期，距今已有700多年的历史，它用当地盛产的一级糯米磨成粉做成皮，以细腻纯净的绵白糖、黑芝麻和优质猪板油制成馅，具有香、甜、鲜、滑、糯的特点，享誉海内外。宁波人在大年初一有吃猪油汤团的传统习惯。汤团含有团圆、如意的意思，即使在海外的游子，他们"每逢佳节倍思亲"，在新春佳节也忘不了要吃家乡的猪油汤团，盼望团圆，以慰思乡之念。宁波汤团1997年入选为中华名点小吃。

"龙凤金团"之名据传系宋高宗赵构所赐，寓含团圆吉庆之

意。金团用一级糯米和优质粳米为原料,按一定比例掺和,先磨成粉,然后和水揉和。蒸熟后,以豆沙、糖桂花、瓜子仁等为馅,搓成扁圆形后,放在松花上滚动,让松花完全覆盖后放入龙凤印糕板模压,即成为龙凤金团。龙凤金团皮薄馅多,口味甜糯,清香适口,常作喜庆时馈赠礼品。以赵大有糕团店所制作的最为有名。

"水晶油包"用上白面粉为原料,经发酵而成面团,并加适当的碱揉匀,以去皮的肥厚纯板油掺和白糖,加果仁、瓜子仁、糖瓜条为馅,蒸熟后晶莹剔透,一咬就可见油包内板油馅,溶如水晶,香味四溢。

"双嵌麻团"是将蒸熟的面团,揉匀后下剂,分别包入甜黄豆粉和甜芝麻粉,然后滚上芝麻粉即可。口味麻香,甜润合一,质感软糯。

"虾肉烧卖"是将虾仁切粒,夹心肉末切成细粒,将精白粉和成热水面团,揉匀后下剂,再擀成荷叶状的坯皮,放入虾肉馅心,捏成花瓶状,上笼蒸5分钟即可。口味鲜香,皮薄馅大,形如花瓶。

图③ 宁波汤团

图④ 龙凤金团和印糕板

与众不同的民间节日

宁波民间有许多与动植物、神仙有关的节日,体现了人们的信仰及对大自然的感恩之情。比如:

二月初二"麻雀节"、三月十九日"太阳生日"、四月初八"牛生日"、五月二十五"谷神生日"、五月十三日"关帝生日"、"六月六黄狗猫生日"、八月二十四"稻生日"、腊八"佛祖释迦牟尼成道日"、腊月十二"蚕花姑娘生日"等。

宁波一年中的三大节日端午节、中秋节、春节也有与众不同的习俗讲究。

端午节"争画船":"争画船,抢老酒,走亲戚,看戏文",这是对老宁波端午节的描写。宁波旧称赛龙舟为"争画船",有专门的画船菩萨殿,赛前有画船菩萨出殿巡游活动,鸣锣开道,放炮放铳,热闹非凡。

中秋节八月十六过:各地都在八月十五过中秋,宁波却是八月十六过。其原因有两个传说:一是南宋宰相史弥远是宁波人,每年中秋要赶回家乡与民同乐。有一年他因故迟到一天,宁波百姓一直等他回来后才过中秋,并从此把中秋节改为八月十六日。二是传说与元末割据甬、台、温的义军首领方国珍有关。他因老母每逢初一、十五必吃素,便将正月十五元宵节提前一天,改为正月十四,将八月十五中秋节延后一天,改为八月十六,以便老母品尝荤食。

春节年夜饭讨"口彩":宁波年夜饭十分讲究讨"口彩",把来年的希望寄予菜肴之中。如"鳗"是"缸缸满、甏甏满"的意思;红膏炝蟹寓意"生意红火,纵横天下,八方招财";藕节寓意"节节高,路路通";"荠菜"与"聚财"音近;黄豆芽形同如意,被称作"如意菜";黄金糕充当"金砖";豆芽加荠荠,象征如意算盘;称火锅为"暖锅",寓意"生活圆满红火"。旧时宁波有一个谜语:"荤菜夹素菜,宁波隔定海,当中招宝山,团团都是海。"谜底就是"暖锅"。

宁波最具特色的,还是海洋节庆习俗。

明代沈明臣《明州竹枝词》:"风暖江乡紫楝开,潮腥鱼熟海人回。船头击鼓船艄唱,明日刲羊赛庙来。"描绘的是宁波海洋节庆习俗。

象山石浦为全国六大渔港之一,每年农历三月初三日,民间就沿袭着一种叫"踏沙滩"的活动,包括祭海神、请妈祖、拜菩萨、抬城隍、舞鱼灯、跑马灯、划龙舟、放风筝、对渔歌、抛彩球等一系列传统习俗。

随着社会不断进步,宁波各种海洋习俗有的淡化,有的消亡,但祭海、祭神、分工、开洋和谢洋、新船下水、拜船龙、渔汛、潮期、加工等习俗还保留着,个别习俗如开洋节、谢洋节等已被赋予现代涵义而发扬光大了。

石浦渔民开洋、谢洋节是渔民在独特的生存环境和历史文化背景中,在长期耕海牧鱼的生产、生活中形成的别具特色的一种传统民俗活动,包括渔民祭祀活动和传统民间文艺表演等内容,有一千多年历史,至今成为一年一度的盛事。"开洋节"是

渔船出海时,渔民祈求平安、丰收的民俗活动;"谢洋节"则是渔船出海平安归来,渔民感恩大海的民俗活动。这些活动的原始意义是希望神灵保佑出海能一帆风顺,满载而归。开洋、谢洋节作为渔民的一种精神寄托,主要有娱神、娱人两大板块,以祭祀为核心,同时信奉众多自然力量、历史人物方面的神灵,包括天后娘娘、城隍老爷、戚老爷、关老爷、王将军菩萨、鱼师大帝等。开洋、谢洋节活动形式多样、内容丰富,有来自象山各地的鱼灯队、马灯队、抬阁、百兽灯队等民间文艺队的表演,还有越剧、绍剧、宁海平调、乱弹等戏剧表演,包含着历史、宗教、民俗等诸多文化内容,是沿海祭祀文化类型的典型代表,承载着石浦人民许多重大的历史文化信息和原始记忆。大量的原始祭祀礼仪和民族民间文化艺术表演形式在渔民开洋、谢洋节活动中被保留下来,对中国沿海地区的祭祀历史有较高的学术研究价值。

城隍庙与宁波好祀风俗

宁波府城隍庙俗称郡庙,总建筑面积达4700多平方米,是我国现存规模最大的城隍庙之一,闻名遐迩。城隍本指护城河,祭祀城隍神的例规形成于南北朝时,唐宋时城隍神信仰滋盛,宋

图⑥ 城隍庙一角

代列为国家祀典,元代封之为佑圣王。城隍在明清以后,成为一个神的官职,而不是一尊神明。都城隍为省级行政区所奉祀,相当于阴间的巡抚。府城隍相当于阴间的知府,县城隍相当于阴间的县令。各地的城隍由不同的人出任,甚至是由当地的老百姓自行选出,选择的标准是殉国而死的忠烈之士,或是符合儒家标准正直聪明的历史人物。宁波奉纪信为城隍神,最早的记载见于宋代赵方时的《宾退录》:"神之姓名具者:镇江、庆元(即宁波)、宁国、太平、襄阳、兴远、复州、南安诸郡,华亭、芜湖两邑,皆谓纪信。"

宁波府城隍庙在本地属最高级别的宗教机构。该庙建于明洪武四年(1371年),建成后屡遭火灾,现存的庙殿是清光绪十年(1884年)重建的。郡庙有照壁、头门、二门、戏台、大殿、后殿,建筑完整,气势宏伟。庙内保存着30余块碑刻及宋井等古迹。如今,城隍庙已经成为宁波最大的购物中心,这里商店林立,小吃遍布,实为了解宁波民间风情的一大好去处。

宁波"风俗尚鬼好祀",自古多庙祀。据民国《鄞县通志·舆地志·庙社》载："今之庙，即古之社也。古者，人民聚落所在必奉一神以为社，凡期会要约，必于社申信誓焉。故村社之多寡，即可觇其时民户之疏密，此讲地方史者所当注意也。兹编所载，虽不尽如上所谓，然神庙多处，其民居亦盛，村落凋亡地，其神庙亦多废圮，于此亦可考见地方今昔兴衰之故。盖神社虽亦属迷信之一，而其起源则与僧寺、道院绝殊，不可不表而出之也。"

据记载，在1933年时，鄞县城乡共有517处庙祀，其中城区有晋至民国时期历代庙祀159处，这是崇神、信鬼、好祀的民间习俗的表现。宁波城里的庙祀对象，呈现多元化，大体可分七类，从中可以看出古代宁波城市的精神信仰和对地方名人的推崇。

第一类是祀自然神和神话人物55处、31个。有风神、魔礼神、五行神、六府神、海龙神、龙王神、文昌君、奎宿、宋窦公（相传为纺织之神）、仓颉先师、社坛神、耿弇（相传为梨园祖师）、真武神、河神、三元、三官、园神、城隍、都土地、万户都土地、关箱、楼氏司庄神、天后、太岁（凶神）、财神、火神、轩辕氏、鲁班、夏禹、如来、观音。

第二类是祀地方传说人物25处、11个。有鲍盖、刘纲、七牧将军（相传七个牧童曾相救宋高宗于明州）、余楷、三女神（无姓名）、张县丞、浙东参议、某太尉、叶太尉（相传为鲍盖秘书）、毛大夫、朱大将军。

第三类是以历史人物作神明供奉35处、22个。有关羽、岳飞、张巡、许远、南霁云、姚闿、雷万春、贾贲、庞统、贺知章、刘植、沙诚、石固、张显应、贾复、陈穆公、姚器、张宪、汤华、种祚、郑世忠、杜恺。

第四类是祀有功于当地的官员等29处、36个。有羊僎、黄晟、王安石、姜昂、张津、钱亿、阚燸、张星耀、杨之枒、邱业、张星耀、钱肃乐、张煌言、应彪、李长庚、陈瑾、晁说之、吴潜、张伯鲸、徐砚、林冲霄、李显祖、张峋、林保、裕谦、葛云飞、王锡鹏、林可成、吴谦、蒋猷、袁镛、王尔禄、胡承祖、段光清、陈中孚、李可琼、汤和。

第五类是祀当地名儒先贤8处、11个。有王致、杨简、袁燮、沈焕、舒璘、张邦奇、范楷、余有丁、范钦、丰稷、全祖望。

第六类是祀孝子、忠臣6处、3个。有董黯（孝子）、陈良谟以及明代殉义诸臣。

第七类是祀有益当地的平民1处、1个。有元朝张文英，曾经于浮桥东建亭施茶，供民夫憩息，故祀之。

庙祀活动一直是人们生活中的大事，旧时城乡均有迎神赛会，名目各异，规模不一，祈神保佑"国泰民安，风调雨顺"。宁波城区每年主要有四次赛会，也是四次盛大节日。

二月赛会：又称"后灯头"，庙里挂灯结彩，说书、演戏。江东栎木庙菩萨出殿，也叫迎神赛会。昔有"栎木庙菩萨催种田，太保庙菩萨催送年"之说。

四月半会：四月十一日至十三日，祀五都神，故称"都神会"，俗称"四月半会"。以街坊和各行业同行为庙社，分东南西北四柱，内有湖西老文华社、南路协兴社、西路风云社和江厦文英社、三星社、彤云社及翰香社、得胜社等，其中彤云社为糖行街所出，灯彩法器，五光十色，尤为华丽。会器有大令旗、头牌、硬脚牌、旗锣、十番锣鼓、抬阁、鼓亭、纱船、珠龙、玉象、彩马、九连灯等。行会途经府、县、提（提督）、道（道台）衙门，皆设香案迎神，并赏以银牌、果包。街坊、同行和富豪人家竞相献爵，闹市搭彩牌楼，入晚放焰火。清同治八年（1869年）四月十三日，行会时观者塞途，过新江桥时英人依旧要收每人4个铜板的过桥费，致人挤桥断，溺死400余人，故有俗俚："好看彤云社，翻落江桥下。"光绪十八年（1892年）因大校场兵民赛会发生械斗，始废止不行。

九月半会：九月半，城区各街坊奉祠庙神像出巡街市，谓之

"杜麶",亦称"社火",又叫"九月半会"。仪仗彩亭前导,金鼓杂剧,各相竞巧。行会队伍中有自我作囚者,蓬头垢面,脚镣手铐,绳捆索绑,亦有点"肉身灯"者。

十月朝会:十月初一,府城隍庙设醮育经,朝迎神像抬至北门外厉坛,恤醮孤魂,祭毕回殿。称"十月醮",亦叫十月朝会。

万工轿与宁波工艺美术

宁波"万工轿",享有"天下第一轿"美誉,2007年被列入第一批国家级非物质文化遗产保护名录,并在联合国教科文组织总部巴黎举办的"中国非物质文化遗产艺术节"参展。

一顶轿子,为何如此夺人眼球?它到底有何神奇?

在宁波博物馆的"宁波民俗风物陈列厅",我们可以观赏到民国初年宁波"万工轿"的芳容:轿高3米,长1.5米,宽95厘米,重量在200公斤上下,由8人肩抬。花轿的轿顶由5座大小不等的牌楼组成,称"五岳朝天",象征崇高之意;中亭顶上站着一个面目狰狞、手擎毛笔的"魁星点状元",象征文运昌盛之意;亭角是群龙舞首,飞檐翘角则为凤凰展翅;轿檐由刻《三国演义》人物故事的16块朱金花板组成,每块花板下悬挂金银彩绣排穗,与朱金花板相互辉映;轿身围以麒麟送子、百子喜庆等彩绘玻璃。此外,圆雕戎装跃马的各路护卫神祇布满上下,全轿共有300多个千姿百态的各色人物,栩栩如生。

宁波"万工轿"的神奇之处在于其工艺复杂、精细,据说制作这顶轿子,需费工匠一万个工作日,故称"万工轿"。

宁波"万工轿"还演绎了宁波"十里红妆"的"红"文化婚俗。传说南宋小康王赵构被金兵追杀,一个宁波村姑救了他。赵构答应将来派人接村姑入宫,以她身上的青布襕为凭。但所约暗号泄露,等到赵构派人来接村姑入宫时,只见家家户户都挂着青

布襕。赵构只好下旨："浙东女子皆封王",出嫁时准许穿戴凤冠霞帔,乘坐龙凤花轿,享用半副銮驾待遇,一路上,文官下轿、武官下马叩拜。于是从南宋开始,宁波姑娘出嫁坐花轿之风愈来愈盛,花轿制作也愈来愈考究。

"良田千亩,十里红妆",是旧时富裕人家嫁妆丰厚的写照。"十里红妆"是宁波旧婚俗最具震撼力的表现形式。红色蕴含吉祥,洋溢喜庆,送新娘的人们抬着大件家具和盛放着提桶、果桶等小木器及瓷瓶、埕罐等小件东西的红杠箱,挑着成套红脚桶,床桌器具箱笼被褥一应俱全,日常所需无所不包,一担担、一杠杠朱漆泥金,流光溢彩,送亲的队伍穿着红衣、红裤,宛如一条披着红袍的金龙,从女家一直延伸到夫家。可以说,能坐上"万工轿",带着"十里红妆"队伍出嫁,是旧时宁波新娘的荣耀梦想。

图⑦ 万工轿
图⑧ 清代泥金彩漆木提桶

8

"万工轿"是宁波著名的传统工艺美术——朱金木雕的代表作,集朱金木雕工艺之大成。

说起宁波的传统工艺美术,主要有"三金一嵌"四大瑰宝,也就是朱金漆木雕、泥金彩漆、金银彩绣、骨木镶嵌。

金碧辉煌、熠熠生辉的朱金木雕;绚丽淳美、精彩纷呈的泥金彩漆;色彩华丽、古朴雅致的金银彩绣;奏雕工致、手艺精绝的骨木镶嵌……无不蕴含着浙东地域独有的文化品质和浓郁的乡土风情,闪烁着古代宁波人民非凡的聪慧才智、审美情趣和美好愿望,是我国工艺美术百花园中一簇璀璨夺目的奇葩。

朱金木雕又名"漆金木雕",是以木为胎,经雕刻后贴金漆朱而成,属于雕和漆并重的传统工艺。这一工艺兴起于唐宋时期,在清代乾隆至道光年间发展到鼎盛,广泛运用于建筑、佛像、家

图⑨ 十里红妆

图⑩ 清代花梨木平嵌骨龙舟竞赛图方桌带椅

具、生活用品及艺术品中。朱金木雕构图饱满,内容多取材于戏曲人物故事、神话传说、市井风情与动植物纹,技法有浮雕、透雕和圆雕等,刀法浑厚,造型古拙,金碧辉煌,富丽堂皇,具有浓郁的地域风格与鲜明的民俗特色。2006年被列入首批国家非物质文化遗产代表保护名录。

泥金彩漆是以木为胎,朱漆髹底,雕饰贴金,集雕刻、堆塑、绘画、贴金、泥金、罩漆等工艺为一体,分沿花、平花和浮花三大类,也有以竹片、竹编为胎的。图案古朴,浑厚凝重,色彩斑斓,鲜艳夺目。宁波漆器工艺历史悠久,距今7000年的河姆渡遗址出土的一件朱漆木碗,是中国现存最早的漆器实物。发展到明代宣德(1426~1435年)年间,宁波泥金彩漆已名闻中外。

金银彩绣又称"仿古绣",唐时已有,明清盛行。它是用各色彩线在丝缎等面料上以长短针、散套针等针法绣制,再以金银线盘绣,工艺可分为包金绣、垫金绣和网绣三类。金银彩绣富丽古雅,色彩鲜亮,耀眼夺目,装饰性强,被誉为"斟古酌今,裁云剪

月；奇花异草，妙笔神针"。宁波自古有"家家织席，户户刺绣"的传统，宁波刺绣堪与苏绣、湘绣、蜀绣、粤绣相争辉。

宁波骨木镶嵌工艺约始于隋朝，唐时已形成浓郁的地方风格，至明代则发展成为宁式家具的重要装饰形式，清乾隆年间（1736~1795年）至臻至美，享有"图案古拙，奏雕工致，手艺精绝，几同汉画"的盛誉。它是采用象牙、牛骨、螺钿、黄杨木等材料加工成各种纹饰，运用高嵌、平嵌、高平嵌结合的技艺，在硬木家具表面进行镶嵌、浮雕、刻划和髹漆。在清代家具提倡繁纹重饰，崇尚雕刻镶嵌，宣扬富丽豪华的时尚风格中，宁波骨木镶嵌工艺可谓独树一帜。2008年被列入第二批国家级非物质文化遗产代表保护名录。

宁波戏曲：文化遗产"活化石"

宁波自古戏曲繁荣，宋元时广为流传的南戏四大声腔之一"余姚腔"即发源于宁波。明清以降，宁波戏曲界人才辈出，灿若群星，高则诚、屠隆、叶宪祖、吕天臣、姚燮等均有名作传世，影响卓著。数百年来，宁波地方戏曲百花争艳，流传至今，成为一份厚重而珍贵的文化遗产"活化石"。

宁波地方戏曲丰富多彩,其中最富地域特色的有甬剧、宁海平调、姚剧,都入列国家级非物质文化遗产代表保护名录。

甬剧系用纯正宁波方言演唱的戏曲剧种,属花鼓滩簧声腔,主要流传于宁波、舟山及上海一带。

甬剧初称"串客",始于清乾隆末期,1880年在上海演出后改称"宁波滩簧",1924年改为"四明文戏",1938年又称"改良甬剧",直至1950年才正式定名为"甬剧"。甬剧音乐曲调丰富,约90种,传统剧目有《两兄弟》《半把剪刀》《天要落雨娘要嫁》等。

宁海平调起源于明末,盛行于清朝,主要流行于宁海、象山、三门一带,系属浙江高腔之支派,因以宁海方言演唱,且唱腔"平缓",故称为"宁海平调"。"耍牙"是平调中的绝艺,堪与川剧"变脸"相媲美。表演者口含四颗、八颗甚至十颗野猪獠牙,在口内时而快速弹吐,时而刺进鼻孔,时而上下左右歙动,或有两颗刺出鼻孔,尤其是有两颗牙始终藏于口内,仍要唱、做、念、打。这一绝技被称为"绝活"。宁海平调传统剧目有100多种,其中以《前十八》《后十八》最为著名。

姚剧的前身为"余姚滩簧",简称"姚滩"。起源于当地雀冬冬、白话佬等民间说唱及车子灯、旱船、采茶篮等民间歌舞,流行于余姚、慈溪、上虞、绍兴一带,至今已有250余年历史。1956

年定名为"姚剧"。传统剧目达72种,有《五妈妈》《卖花线》《打窗楼》等。

曲艺是通过说、唱和适量的表演,将形形色色的人物和各种各样的故事演绎出来。宁波地方曲艺绚丽多彩,有"四明南词"、"评话"、"宁波走书"、"蛟川走书"、"唱新闻"、"雀冬冬"、"采茶篮"、"小热昏"等曲种。

四明南词俗称"宁波文书",属弹词类,迄今已有300余年历史,主要流传于浙东一带。四明南词因词章华丽、曲调优雅而深受士大夫们喜爱,故多在寿诞、喜庆堂会上演唱。它分双档、三、五、七、十一和十三不等,唱、奏、念、白、表相间,灵活多变。主要乐器有箫、笙、扬琴、二胡、琵琶、小三弦等。演奏时演员根据乐器特色,围绕主旋律,自由发挥,音乐清丽优雅,委婉动听。传统书目有《白蛇传》、《双珠球》、《十美图》等。2008年6月被列入第二批国家级非物质文化遗产代表保护名录。

宁波评话又称"武书",相传在宋、元时期已很活跃,当时民舍(书棚)里"讲史"、"小说"十分普遍。主要流行于市区各茶楼(书场)及鄞县、慈溪等县城。说书时,艺人仅凭一块惊木、一把折扇、一张嘴,不配音乐不伴奏,即将生旦净末丑角,说得绘声绘色,惟妙惟肖,使听众陶然忘返。传统书目有《水浒》《三国》《岳飞传》等。

宁波走书又称"莲花文书",约产生于清同光(1862~1908年)年间,流行于宁波、舟山等地。因其表演者在说唱时走动表演,与坐唱的"四明南词"不同,故称"走书"。走书演员能"一人唱出一台戏",唱词多用生动形象的群众语汇,通俗易懂。伴奏人员可多可少,曲调丰富,既善抒情,又长于叙事。传统书目有《白鹤图》《珍珠塔》《黄金印》等。2008年6月被列入第二批国家级非物质文化遗产代表保护名录。

小热昏是广泛流行于江浙沪一带的曲艺谐谑形式,又名"小锣书",俗称"卖梨膏糖的",是一种马路说唱艺术。始于清光绪年间,盛行于20世纪二三十年代。演唱没有固定场所,一般在闹市街头或船埠、车站、菜场附近,选择一块空地,用白粉撒划一个表演区,打竹板、敲铜锣,吸引听众。言语发噱,唱句通俗,故事生动,在群众中有较大影响。

唱新闻系由唱"朝报"官方新闻演化而来,主要流行于北仑、奉化和象山等地。演唱者皆为盲女瞽男。内容多取材自街头巷尾流传的古今故事和小调,艺人往往走街穿巷,选择谷场、庭院、码头、航船等处,或一人演唱,或二人对唱,曲调达几十种。

参考文献

01	《中国自然地理·动物地理》,科学出版社,1979年。
02	孟凡夏,《人类最早的太阳神像——"双鸟异日"》,《瞭望周刊》,1993年第40期。
03	陈桥驿,《越族的发展与流散》,《东南文化》,1989年第6期。
04	林士民,《宁波考古新发现》,《宁波文史资料》第二辑,宁波市政协文史资料研究所,1984年。
05	徐雪英,《宁波古代建置的演变——历程从边缘蛮荒之地到物阜民丰之邦》,《宁波晚报》,2012年3月25日。
06	陈鸿,《吴潜:创造多个"宁波第一"的南宋地方官》,《宁波晚报》,2012年3月11日。
07	詹荣胜、刘兴景,《宁波基本建成现代化国际港口城市目标内涵是什么?》,《宁波经济》,2012年第5期。
08	潘为去,《略论宁波地名的起源》,《宁波师范学院学报(社会科学版)》,1987年第2期。
09	张沈磊:《塑造滨水名城——波滨水城市规划实践与思考》,《城市规划》,2006年第3期。
10	张文宁,《宁波市近代城市规划历史研究》,2008年,武汉理工大学硕士学位论文。
11	宋李昉、宋白、徐铉等编《文苑英华》卷三七四。

12	王苹、于红艳,《宁波地名的文化意义阐释》,《宁波大学学报(人文科学版)》,2009年9月。
13	周时奋,《宁波老城》,宁波出版社,2008年。
14	戴骅,《宁波古城墙探秘》,《宁波晚报》,2007年12月23日。
15	李政,《宁波旧日的街道街区》(宁波市政协文史资料委员会),《宁波文史资料》第十五辑。
16	邱枫,《从疏到密,从密返疏——宁波老城街道网密度的演变》,《规划师》,2007年第11期。
17	邱枫,《从双格网到单格网——宁波老城街道网、水网格局的演变》,《规划师》,2008年第2期。
18	张如安,《略论北宋"庆历五先生"对宁波的文化贡献》,《中共宁波市委党校学报》,2008年第2期。
19	钱茂伟,《宁波历史与传统文化》,宁波出版社,2007年。
20	徐季子,《畅堂文集》,宁波出版社,2010年。
21	李广志,《明州工匠援建日本东大寺论考》,《宁波大学学报(人文科学版)》第23卷,2010年第5期。
22	单国霖,《"千年丹青——日本、中国珍藏唐宋元绘画精品展"简评》,《文汇报》,2010年11月2日。

图书在版编目（CIP）数据

羽人竞渡：宁波发展史话 / 涂师平著 . —宁波：
宁波出版社，2014.11
（宁波文化丛书 . 第 1 辑）
ISBN 978-7-5526-1672-9

Ⅰ . ①羽… Ⅱ . ①涂… Ⅲ . ①宁波市—地方史
Ⅳ . ① K295.53

中国版本图书馆 CIP 数据核字（2014）第 166774 号

丛 书 名	宁波文化丛书·第一辑
丛书主编	何　伟
本册书名	羽人竞渡：宁波发展史话
著　　者	涂师平
责任编辑	徐　飞
装帧设计	金字斋
出版发行	宁波出版社
地　　址	宁波市甬江大道 1 号宁波书城 8 号楼 6 楼
邮　　编	315040
网　　址	http://www.nbcbs.com
电　　话	0574-87259609（编辑部）
印　　刷	浙江新华数码印务有限公司
开　　本	710 毫米 ×1000 毫米　1/16
印　　张	15.25
字　　数	181 千
版　　次	2014 年 11 月第 1 版
印　　次	2014 年 11 月第 1 次印刷
标准书号	ISBN 978-7-5526-1672-9
定　　价	38.00 元

（版权所有　翻印必究）

图书若有倒装缺页影响阅读，请与出版社联系调换。电话：0574-87248279
说明：本书中部分图片因资料所限，未能与相关权利人取得联系，敬请相关
权利人与编辑部联系，以便支付稿酬，并在重印时署名。